Claus-Wilhelm Canaris
Grundrechte und Privatrecht

Schriftenreihe
der
Juristischen Gesellschaft zu Berlin

Heft 159

W
DE
G

1999

Walter de Gruyter · Berlin · New York

Grundrechte und Privatrecht

– eine Zwischenbilanz –

Von
Claus-Wilhelm Canaris

Stark erweiterte Fassung des Vortrags
gehalten vor der
Juristischen Gesellschaft zu Berlin
am 10. Juni 1998

W
DE
G

1999

Walter de Gruyter · Berlin · New York

Dr. Dr. h.c. mult. *Claus-Wilhelm Canaris,*
o. Professor für Bürgerliches Recht, Handels- und Arbeitsrecht
sowie Rechtsphilosophie
an der Universität München

♾ Gedruckt auf säurefreiem Papier,
das die US-ANSI-Norm über Haltbarkeit erfüllt.

Die Deutsche Bibliothek – CIP-Einheitsaufnahme

Canaris, Claus-Wilhelm:
Grundrechte und Privatrecht : eine Zwischenbilanz ; stark erweiter-
te Fassung des Vortrags gehalten vor der Juristischen Gesellschaft
zu Berlin am 10. Juni 1998 / von Claus-Wilhelm Canaris. - Berlin ;
New York : de Gruyter, 1999
(Schriftenreihe der Juristischen Gesellschaft zu Berlin ; H. 159)
ISBN 3-11-016395-0

Übersicht

I. Einleitung

1. Die Aktualität der Problematik

Als ich vor 15 Jahren auf der Tagung der Zivilrechtslehrervereinigung in Aachen einen Vortrag über das Thema „Grundrechte und Privatrecht" ankündigte[1], wurde ich von manchen Kollegen irritiert gefragt, warum ich mir ausgerechnet diesen Gegenstand ausgewählt hätte; die wissenschaftliche Diskussion darüber sei doch wohl endgültig abgeschlossen. Seither hat sich die Lage grundlegend geändert: Die Problematik ist nachgerade in aller Munde.

Dafür hat u.a. eine Reihe spektakulärer Entscheidungen des Bundesverfassungsgerichts gesorgt; ich nenne einstweilen nur den Handelsvertreterbeschluß aus dem Jahre 1990, in dem das Bundesverfassungsgericht § 90a Abs. 2 S. 2 HGB wegen Verstoßes gegen Art. 12 GG für verfassungswidrig erklärt hat[2], und den Bürgschaftsbeschluß aus dem Jahre 1993, durch den das Bundesverfassungsgericht die rigide Rechtsprechung des BGH zu Bürgschaften von vermögens- und einkommensschwachen Angehörigen des Hauptschuldners korrigiert hat[3]. In der Wissenschaft ist es zu einer wahren Publikationsflut gekommen; so haben sich z.B. allein drei der Hauptreferate auf der Zivilrechtslehrertagung in den letzten Jahren mit dieser Thematik befaßt[4]. Repräsentativ für die Bedeutung, die diesem Fragenkreis derzeit zugemessen wird, dürfte eine Bemerkung sein, die unlängst *Fezer* gemacht hat: Die – so sagt er – „Gretchenfrage an jeden Juristen: Wie hältst Du es mit dem Verhältnis der Verfassung zum Privatrecht?" stelle geradezu eine „Jahrhundertproblematik" dar[5].

Im Verlauf der Diskussion haben sich inzwischen eine solche Fülle von Anschauungsmaterial und ein so großer Vorrat von Denk- und Ar-

---

[1] AcP 184 (1984) 202.

[2] BVerfGE 81, 242, 252 ff. = AP Nr. 65 zu Art. 12 GG mit Anm. von *Canaris*.

[3] BVerfGE 89, 214, 232 ff.

[4] Vgl. *Medicus* Der Grundsatz der Verhältnismäßigkeit im Privatrecht, AcP 192 (1992) 35, 43 ff.; *Zöllner* Regelungsspielräume im Schuldvertragsrecht – Bemerkungen zur Grundrechtsanwendung im Privatrecht und zu den sogenannten Ungleichgewichtslagen, AcP 196 (1996) 1 ff.; *Diederichsen* Das Bundesverfassungsgericht als oberstes Zivilgericht – ein Lehrstück der juristischen Methodenlehre, AcP 198 (1998) 171 ff.

[5] JZ 1998, 267.

gumentationsmustern angesammelt, daß es mir an der Zeit zu sein
scheint, den Versuch einer Bilanzierung zu wagen. Bei einer „Jahrhundertproblematik" kann das freilich naturgemäß nur eine *Zwischen*bi-
lanz sein, und so habe ich sehr bewußt diese Charakterisierung in den
Titel meines Vortrags aufgenommen.

2. Die Internationalität der Problematik

Eine zusätzliche Dimension gewinnt die Thematik dadurch, daß es
sich keineswegs um ein rein deutsches Phänomen handelt. So spricht
etwa der englische Rechtsvergleicher *Markesinis* geradezu von einer
„constitutionalisation of private law"[6] und hat dabei eine weit über den
deutschen Rechtskreis hinausgehende Tendenz im Auge; genau denselben Ausdruck habe ich in der Tat bei *Trabucchi* für das italienische
Recht gefunden[7]. Das schweizerische Bundesgericht hat ausgesprochen, daß „zumindest die indirekte Drittwirkung im Sinn des Gebots
grundrechtskonformer Auslegung privatrechtlicher Normen beinahe
durchwegs anerkannt ist", und sich diese Ansicht zueigen gemacht[8].
Von Bar glaubt aufgrund seiner rechtsvergleichenden Untersuchungen
sogar feststellen zu können, daß „das Deliktsrecht im heutigen Europa
mehr und mehr als eine Form der Konkretisierung der verfassungsrechtlich verbürgten Freiheitsrechte begriffen wird"[9]. Auch in den
USA gibt es unter dem Stichwort der „state action doctrine" seit langem eine intensive Diskussion der Thematik[10]. Es handelt sich hier also
keineswegs um einen deutschen „Sonderweg", wie man aufgrund man-

---

[6] *Markesinis* 53 (1990) Modern Law Review 1, 10; die gleiche Formulierung
verwendet unabhängig davon *Oldiges* Festschr. für Friauf, 1996, S. 281 im Anschluß an eine ähnliche Wendung von *Ossenbühl* DVBl. 1995, 910.
[7] *Trabucchi* Istituzioni di Diritto Civile, 35. Aufl. 1994, S. 14: „costituziona-
lizzazione anche del diritto privato".
[8] BGE 111 II 245, 255. Im Anschluß an diese Entscheidung hat es im
Schrifttum eine lebhafte Diskussion über das Verhältnis von Verfassung und
Privatrecht gegeben, vgl. *Bucher* SJZ 1987, 37 ff.; *Sandoz* SJZ 1987, 214 ff.; *Sala-
din* SJZ 1988, 373 ff.; *Zäch* SJZ 1989, 1 ff. und 25 ff.
[9] *von Bar* Gemeineuropäisches Deliktsrecht Bd. I, 1996, Rdn. 554; auf der
gleichen Linie liegt (für den von ihm behandelten Teilbereich des Deliktsrechts)
weitgehend *Beater* Zivilrechtlicher Schutz vor der Presse als konkretisiertes
Verfassungsrecht, 1996, S. 80 ff. mit rechtsvergleichenden Untersuchungen zum
englischen, US-amerikanischen und deutschen Recht.
[10] Vgl. dazu *Giegerich* Privatwirkung der Grundrechte in den USA, 1992,
der in seiner kritischen Würdigung S. 457 für die USA eine ähnliche Lösung als
vorzugswürdig erachtet wie sie in Deutschland entwickelt worden ist (und unten IV 3 näher erörtert wird).

cher besorgter Stimmen gerade aus der jüngsten Vergangenheit vielleicht befürchten könnte.

Doch Schluß mit der captatio benevolentiae für meine Themenstellung, die einer solchen wohl ohnehin nicht bedarf! Ich komme zur Sache selbst. Dabei beginne ich naheliegender Weise mit der Frage nach der Einwirkung der Grundrechte auf die *Gesetze* des Privatrechts.

II. Die Einwirkung der Grundrechte auf die Gesetze des Privatrechts

1. Die Geltung von Art. 1 Abs. 3 GG und Art. 93 Abs. 1 Nr. 4a GG für die Gesetzgebung auf dem Gebiete des Privatrechts

a) Wortlaut und Entstehungsgeschichte von Art. 1 Abs. 3 GG

Auszugehen ist nach den anerkannten Regeln der Methodenlehre vom Wortlaut der Verfassung. Einschlägig könnte hier in erster Linie Art. 1 Abs. 3 GG sein. Dort heißt es bekanntlich, daß „die nachfolgenden Grundrechte Gesetzgebung, vollziehende Gewalt und Rechtsprechung als unmittelbar geltendes Recht binden". Dem Sprachsinne nach, also bei grammatischer Auslegung kann nicht zweifelhaft sein, daß unter den Begriff der „Gesetzgebung" auch diejenige auf dem Gebiete des Privatrechts fällt.

Indessen hat jüngst *Diederichsen* versucht, diesen Ansatz unter Hinweis auf die Entstehungsgeschichte der Vorschrift zu erschüttern[11]. Dazu verweist er im wesentlichen darauf, daß deren Funktion historisch gesehen lediglich in einer Abkehr von der für die Weimarer Verfassung vorherrschenden Ansicht liege, wonach die Grundrechte nur als bloße „Programmsätze" zu qualifizieren seien; statt dessen sollten sie durch das Grundgesetz in den Rang von „unmittelbar geltendem Recht" erhoben werden. Nun ist natürlich nicht zu bestreiten, daß hierauf in der Tat der Hauptakzent von Art. 1 Abs. 3 GG liegt, doch ändert das nichts daran, daß dort von der Bindung der „Gesetzgebung" schlechthin die Rede ist und darunter sprachlich auch die Privatrechtsgesetzgebung zu verstehen ist. Wer das Gegenteil annimmt, muß Art. 1 Abs. 3 GG daher insoweit einer teleologischen Reduktion unterziehen[12] und trägt hierfür folgerichtig die Argumentationslast.

---

[11] *Diederichsen* in *Starck* (Hrsg.) Rangordnung der Gesetze, 1995, S. 48 f. und AcP 198 (1998), 225 f.

[12] Das leugnet *Diederichsen* in *Starck* aaO. S. 66 Fn. 147 mit der Begründung, daß „nach der ursprünglichen Konzeption des Verfassungsgebers die Grundrechte nur eine Abwehrfunktion hatten (und) dann das Grundrechtssy-

12

Dieser kann man nicht schon dadurch nachkommen, daß man wie *Diederichsen* vorbringt, mit Art. 1 Abs. 3 GG sei „historisch lediglich eine Umqualifizierung der *Rechtsfolge* gemeint", und daraus den Schluß zieht, „wer in der Formulierung (sc.: von Art. 1 Abs. 3 GG) eine Erweiterung des Kreises der Normadressaten und damit eine Änderung des *Tatbestandes* sehen will, begehe somit logisch eine Begriffsvertauschung oder müsse die Uminterpretation sachlich begründen"[13]. Daß „lediglich eine Umqualifizierung der Rechtsfolge gemeint" war, ist zwar wie gesagt zutreffend, doch stellt es keineswegs „eine *Erweiterung* des Kreises der Normadressaten" dar, wenn man als Gesetzgeber i.S. von Art. 1 Abs. 3 GG auch den Privatrechtsgesetzgeber ansieht[14]. Denn natürlich gehörte dieser auch bereits unter der Weimarer Verfassung zu den Normadressaten, und daher hat sich *insoweit* durch Art. 1 Abs. 3 GG überhaupt nichts geändert: Während die Grundrechte früher (auch) für den Privatrechtsgesetzgeber lediglich „Programmsätze" oder dgl. darstellten, sind sie heute auch für ihn „unmittelbar geltendes Recht". So ergibt sich denn auch, entgegen *Diederichsens* Ansicht, für *diese* Frage aus den Materialien zu Art. 1 Abs. 3 GG nichts, weil sie dort als solche gar nicht behandelt ist.

b) Eingriffe in Grundrechte durch Normen des Privatrechts

Außerdem ist die von *Diederichsen* geforderte „sachliche Begründung" für eine Anwendung von Art. 1 Abs. 3 GG auf den Privatrechtsgesetzgeber schon wiederholt gegeben worden (und das, obwohl die Argumentationslast wie gesagt angesichts des Wortlauts der Vorschrift eigentlich die Vertreter der Gegenansicht trifft!). Sie liegt vor allem dar-

---

stem im Sinne einer Grundwerteordnung erweitert wurde, (so daß) gerade umgekehrt die Erweiterung der Funktion von Art. 1 Abs. 3 GG ihrerseits begründet werden muß". Das steht m.E. mit den Regeln der juristischen Methodenlehre nicht in Einklang, da nach diesen der „mögliche Wortsinn" die Grenze der Auslegung bildet und jenseits ihrer anerkanntermaßen der Bereich von Analogie und teleologischer Reduktion beginnt, vgl. *Larenz* Methodenlehre der Rechtswissenschaft, 6. Aufl. 1991, S. 391. Bei einer am Wortsinn orientierten Auslegung ist aber schlechterdings nicht daran vorbeizukommen, daß auch die Gesetzgebung auf dem Gebiet des Privatrechts „Gesetzgebung" ist und man diesen Ausgangspunkt also nur durch eine teleologische Reduktion korrigieren kann.

[13] So *Diederichsen* in *Starck* aaO. S. 49 (Hervorhebungen im Orig.).
[14] Nur um diesen geht es im vorliegenden Zusammenhang. Möglicherweise meint *Diederichsen* hier allerdings mit Normadressaten die Subjekte des Privatrechts. Das wäre dann jedoch eine Verkennung meiner Position, für die es gerade essentiell ist, daß diese *nicht* Adressaten der Grundrechte sind, vgl. AcP 184 (1984) 202 ff. sowie unten IV 1 a.

in, daß Gesetze des Privatrechts für den Bürger ganz ähnliche Eingriffswirkungen haben können[15] wie solche des öffentlichen Rechts.

Ob z.B. eine nachbarschützende Regelung in einer Bauordnung oder im Nachbarrecht des BGB steht, ob umweltschützende Ziele mit einer Norm des öffentlichen Rechts oder mit Hilfe von § 1004 BGB verfolgt werden usw., darf für die Anwendbarkeit der Grundrechte keinen prinzipiellen Unterschied machen. Der privatrechtliche Immissionsschutz – etwa nach § 906 BGB, der ja vom Privatrechtsgesetzgeber grundsätzlich dramatisch verschärft werden könnte, oder auch nach der Generalklausel des § 1004 BGB – kann ohne weiteres ein Unternehmen ruinieren und beeinträchtigt dessen Inhaber daher oft schwerer in seinem Eigentum als manche immissionsrechtliche Verwaltungsvorschrift. Ähnlich können Einschränkungen der Meinungs- oder der Kunstfreiheit auf der Grundlage von § 823 BGB in Verbindung mit dem negatorischen Rechtsschutz für den Betroffenen Wirkungen haben, im Vergleich zu denen eine Geldstrafe eine Bagatelle sein kann; denn diese wiegt für ihn oft weit weniger schwer als das – rein privatrechtlich begründete! – Verbot, ein Buch zu publizieren, oder gar das Gebot, es aus dem Handel zurückzuziehen. Und sollen etwa die massiven Einschränkungen der Kündigungs- und Befristungsmöglichkeit zum Schutze des Wohnungsmieters nach §§ 564b f. BGB nur deshalb nicht an den Grundrechten des Vermieters zu messen sein[16], weil es der Privatrechtsgesetzgeber ist, der sie erlassen hat, während der Vermieter gegenüber ähnlich wirkenden wohnungswirtschaftlichen Gesetzen des öffentlichen Rechts vollen Grundrechtsschutz genösse?! Und ein letztes Beispiel: Würde zur Lösung der Problematik der Entgeltfortzah-

---

[15] Natürlich gilt das nicht für alle Normen des Privatrechts; vielmehr ist deren Eingriffscharakter grundsätzlich jeweils durch entsprechende Argumente darzutun, sofern man sich insoweit nicht – wie freilich häufig – mit einem Evidenzurteil begnügen kann. Es beruht daher auf einem Mißverständnis, wenn *Diederichsen* AcP 198 (1998) 212 mir unterstellt, ich ginge von einer „generellen (!) Qualifizierung der Normen des Privatrechts als Grundrechtseingriffe" aus; im Gegenteil habe ich ausdrücklich herausgearbeitet, daß Privatrechtsnormen z.B. auch der Verwirklichung grundrechtlicher Schutzgebote dienen können, vgl. *Canaris* AcP 184 (1984) 223 zu § 624 BGB und S. 228 f. zu § 74 ff. HGB. Beachtet man das, so fällt das Schreckbeispiel von *Diederichsen* aaO. S. 213 f. sofort in sich zusammen; denn die Norm des § 985 BGB beinhaltet als solche keinen Grundrechtseingriff, und daher ist hier von meinem Standpunkt aus nur zu prüfen, ob dem Hausbesetzer ein grundrechtliches Schutzgebot zur Seite steht, was bei allen von *Diederichsen* gebildeten Varianten von vornherein – d.h. schon an der „ersten Argumentationshürde" und somit ohne einzelfallbezogene Abwägung (vgl. dazu näher unten IV 3 c und V 3 a) – zu verneinen ist.

[16] Vgl. dazu näher unten II 2 a bei Fn. 25.

14

lung im Krankheitsfalle dem Arbeitgeber eine Pflicht zur Abführung von Beiträgen an eine öffentlichrechtliche Einrichtung auferlegt, welche dann die Entrichtung des Entgelts an kranke Arbeitnehmer übernimmt, so wäre die unmittelbare Grundrechtsbindung des Gesetzgebers nicht zu bezweifeln; wird nun statt dessen der Arbeitgeber selbst zur Entgeltfortzahlung an den Arbeitnehmer verpflichtet wie durch die Vorschrift des § 3 EFZG, so kann die Grundrechtsbindung nicht entfallen oder prinzipiell schwächer sein, da diese Norm trotz ihres privatrechtlichen Charakters den Arbeitgeber (mindestens) ebenso stark in seiner Vertrags- bzw. Berufsausübungsfreiheit beeinträchtigt wie eine öffentlichrechtliche Beitragspflicht[17].

Insgesamt belegt die Fülle dieser Beispiele, die sich leicht vermehren lassen, daß das Argument aus dem Wortlaut von Art. 1 Abs. 3 GG durch eine außerordentlich starke objektiv-teleologische Argumentation bestätigt und bekräftigt wird.

c) Das Zusatzargument aus Art. 93 Abs. 1 Nr. 4a GG

Hinzukommt ein systematisches Argument, das bisher in der Diskussion, soweit ersichtlich, keine Rolle gespielt hat. Es liegt in dem Hinweis auf Art. 93 Abs. 1 Nr. 4a GG, wonach jedermann die Verfassungsbeschwerde mit der Behauptung erheben kann, „durch die öffentliche Gewalt in einem seiner Grundrechte verletzt zu sein". Soll etwa unter „öffentlicher Gewalt" in diesem Sinne nicht auch der Privatrechtsgesetzgeber zu verstehen sein und soll also auch hier eine teleologische Reduktion erfolgen mit dem Ziel, ihn aus dem Anwendungsbereich der Vorschrift auszuklammern?!

Die Frage stellen heißt sie verneinen. Die Regelung ist nämlich erst im Jahre 1969 und daher mehr als ein Jahrzehnt nach dem für das Verhältnis von Grundrechten und Privatrecht grundlegenden Lüth-Urteil des Bundesverfassungsgerichts in das Grundgesetz aufgenommen worden, so daß hier eine historische Argumentation der von *Diederichsen* vorgetragenen Art von vornherein nicht in Betracht kommt. Wenn man aber demnach mit der Verfassungsbeschwerde rügen kann, durch den Privatrechtsgesetzgeber „in einem seiner Grundrechte verletzt zu sein", dann muß dieser logischerweise an die Grundrechte gebunden sein, weil er sie ja sonst gar nicht verletzen könnte.

---

[17] Vgl. zur verfassungsrechtlichen Überprüfung von § 3 EFZG eingehend *Canaris* Die Bedeutung der iustitia distributiva im deutschen Vertragsrecht, 1997, S. 115 ff.

d) Der Gedanke der Normenhierarchie

Bisher habe ich im wesentlichen „positivistisch" argumentiert, indem ich mich auf zwei explizite Regelungen der Verfassung – nämlich Art. 1 Abs. 3 GG und Art. 93 Abs. 1 Nr. 4a GG – gestützt und dargetan habe, daß und warum unter sie auch der Privatrechtsgesetzgeber fällt. Natürlich kann und sollte man noch einen weiteren Schritt tun und zusätzlich den Gedanken der Normenhierarchie heranziehen. Das Privatrecht ist nämlich „einfaches" Recht und steht als solches im Stufenbau der Rechtsordnung im Range *unter* der Verfassung[18]. Es ist also auch ein Gebot der Normlogik, daß die Gesetzgebung auf dem Gebiete des Privatrechts nach dem Grundsatz vom Vorrang der lex superior an die Grundrechte gebunden ist[19].

Damit habe ich zugleich schon den nächsten Fragenkreis berührt. Bisher ging es nämlich im wesentlichen nur darum, *ob* der Privatrechtsgesetzgeber *überhaupt* an die Grundrechte gebunden ist. Nunmehr wende ich mich dem Problem zu, *in welcher Weise* er gebunden ist. Immerhin folgt ja aus dem Gedanken der Normenhierarchie nicht ohne weiteres, daß diese Bindung von genau derselben Art sein müßte wie die des Gesetzgebers auf dem Gebiete des öffentlichen Rechts, und sogar Art. 1 Abs. 3 und Art. 93 Abs. 1 Nr. 4a GG lassen in *dieser* Hinsicht vielleicht Raum für gewisse Modifikationen.

---

[18] Nach *Robbers* NJW 1998, 937 f. soll freilich die Vorstellung vom Stufenbau der Rechtsordnung überholt sein, doch will er gleichwohl am „Vorrang der Verfassung" und an der „Unterscheidung zwischen Verfassung und Gesetz" festhalten. Welches Modell dasjenige vom Stufenbau ersetzen soll, läßt er indessen nahezu völlig im Dunkeln. Daß „die Grundrechte dem einfachen Recht immanent sind" und daß „Verfassung im materiellen Sinne ... sich inzwischen auch im einfachen Gesetz im formellen Sinne ... zeigt", trifft zwar zu, verdunkelt aber im vorliegenden Zusammenhang die Problematik eher als daß es sie erhellt; denn diese besteht ja gerade darin, den Grundrechten zur Durchsetzung zu verhelfen, wenn sie dem einfachen Recht (noch) *nicht* immanent sind und die Verfassung sich im einfachen Recht *nicht* zeigt. Im Grunde bleibt (abgesehen von dem in anderer Richtung liegenden Problem, das Verhältnis des Verfassungsrechts zum Europarecht mit der Lehre vom Stufenbau in Einklang zu bringen) nur die bekannte Schwierigkeit der Trennbarkeit zwischen Verfassung und einfachem Recht, die man als „ein Stück Fiktion" oder (was ich bevorzuge) als regulative Idee im Sinne Kants bezeichnen kann, vgl. *Lerche* in *Koller/Hager/Junker/Singer/Neuner* (Hrsg.) Einheit und Folgerichtigkeit im Juristischen Denken, Symposion zum 60. Geburtstag von C.W.Canaris, 1998, S. 14 f.

[19] Auch das leugnet freilich *Diederichsen*, vgl. bei *Starck* aaO. S. 70 ff. und AcP 198 (1998) 234; daraus kann dann nur folgen, daß der Privatrechtsgesetzgeber entweder überhaupt nicht oder nur „mittelbar" an die Grundrechte gebunden ist, vgl. dazu sogleich unter 2 a.

16

2. Die „Unmittelbarkeit" der Bindung des Privatrechts-gesetzgebers an die Grundrechte und ihre Geltung als Eingriffs-verbote und Schutzgebote

a) Ablehnung einer nur „mittelbaren" Geltung der Grundrechte für die Gesetze des Privatrechts

Früher wurde in der Tat nicht selten die Ansicht vertreten, die Lehre von der „mittelbaren Drittwirkung" der Grundrechte gelte auch für den Gesetzgeber auf dem Gebiete des Privatrechts. So hat sogar der Hauptrepräsentant dieser Lehre *Günther Dürig* ausdrücklich von einer nur „mittelbaren Einwirkung der Grundrechte auf das Privatrecht" und von einer nur „mittelbaren Anwendung der Grundrechte im Privatrecht" gesprochen[20]. Geht man demgegenüber von Art. 1 Abs. 3 GG aus, so kann das nicht richtig sein, weil diese Vorschrift ja gerade eine *un*mittelbare Geltung der Grundrechte anordnet. Außerdem habe ich nie begriffen, was mit dieser Variante der Lehre von der mittelbaren Drittwirkung eigentlich gemeint ist und sie daher als geradezu „mysteriös" bezeichnet[21]. Liegt dieser Ansicht etwa die Vorstellung zugrunde, daß (auch) der Gesetzgeber auf dem Gebiete des Privatrechts nur „durch das Medium der dieses Rechtsgebiet unmittelbar beherrschen-den Vorschriften" an die Grundrechte gebunden ist, wie eine berühmte Formulierung im Lüth-Urteil lautet[22]?

Es ist das Verdienst von *Diederichsen*, daß er diese Frage klipp und klar bejaht hat – und zwar in ausdrücklicher Übernahme der soeben zitierten Wendung aus dem Lüth-Urteil und in ausdrücklicher Wieder-aufnahme der Ansicht *Dürigs*[23]. Erst dadurch hat die Lehre von der mittelbaren Grundrechtsbindung des Privatrechtsgesetzgebers über-

[20] So *Dürig* in *Maunz/Dürig/Herzog/Scholz* 1994, Art. 3 I Rdn. 510; ähnlich sehr klar *Kopp* 2. Festschr. für Wilburg, 1975, 149, nach dessen Ansicht „für die Gesetzgebung (!) im Bereich des Zivilrechts nicht die Grundrechte als solche Bedeutung erlangen, sondern nur die hinter ihnen stehenden und in ihnen erkennbar werdenden allgemeinen Grundentscheidungen"; ablehnend *Canaris* AcP 184 (1984) 212 f.
[21] *Canaris* AcP 184 (1984) 212; zustimmend *Lerche* Festschr. für Steindorff, 1990, S. 905 Fn. 30; *Singer* JZ 1995, 1136.
[22] BVerfGE 7, 198 Leitsatz 2 und S. 205.
[23] *Diederichsen* AcP 198 (1998) 234–236 i.V. mit S. 231, wonach „sich die Be-einflussung des Privatrechts durch die Grundrechte über das ‚Medium' der un-bestimmten Rechtsbegriffe und Generalklauseln sowohl auf die Privatrechts-normen (!) als auch auf Rechtsgeschäfte bezieht" und „auch die mit der Anwen-dung von Art. 1 Abs. 3 GG automatisch verbundene Bindung des Zivilrechtsge-setzgebers an die Grundrechte entfällt".

haupt einen faßbaren Inhalt erhalten. Zugleich wird sie dadurch freilich auch leichter kritisierbar. M.E. ist sie schon aus rechtslogischen Gründen nicht zu halten. Es erscheint mir nämlich als geradezu denkunmöglich, eine Norm des Privatrechts dadurch auf ihre Vereinbarkeit mit den Grundrechten zu prüfen, daß man sie an einer anderen Norm des Privatrechts mißt. Denn diese beiden Normen stehen normlogisch zwangsläufig auf *derselben* Stufe und daher kann die eine nicht den *Maßstab* für die Verfassungsmäßigkeit der anderen bilden, da ein solcher notwendigerweise den Status einer lex *superior* haben und also in der Hierarchie der Normen auf einer *höheren* Stufe angesiedelt sein muß. Das kann man auch nicht etwa dadurch ändern, daß man eine der beiden privatrechtlichen Normen verfassungsrechtlich anreichert, also insbesondere eine Generalklausel „im Lichte" der Grundrechte interpretiert[24]. Entweder bleibt sie dabei nämlich eine Norm des einfachen Rechts – dann fehlt ihr nach wie vor die Höherrangigkeit, deren sie als Prüfungsmaßstab bedarf; oder sie wird auf die Stufe des Verfassungsrechts angehoben – dann kommt man zu der widersinnigen Konsequenz, daß ihr Gehalt auch insoweit, als er eigentlich dem einfachen Recht zugehört, nun plötzlich Verfassungsrang erlangt.

Darüber hinaus ist die Vorstellung, daß die Normen des Privatrechts nur „durch das Medium" der Normen des Privatrechts auf ihre Vereinbarkeit mit den Grundrechten zu prüfen sind, auch praktisch nicht sinnvoll durchführbar. Lassen Sie mich das an einem Beispiel verdeutlichen. Nach § 564b Abs. 1 BGB kann der Vermieter ein Mietverhältnis über Wohnraum nur kündigen, wenn er ein berechtigtes Interesse an dessen Beendigung hat. Ob diese Regelung gegen Grundrechte des Vermieters verstößt, hat das Bundesverfassungsgericht geprüft, indem es sie ohne Umschweife unmittelbar an Art. 14 GG gemessen und in diesem Rahmen eine Verhältnismäßigkeitsabwägung vorgenommen hat[25]. Würde man statt dessen die Lehre von der nur mittelbaren Bin-

---

[24] So aber offenbar *Diederichsen* AcP 198 (1998) 213, wonach „das Privatrecht ... mittelbar über die mit dem Wertgehalt der Grundrechte aufzuladenden unbestimmten Rechtsbegriffe und Generalklauseln auf seine Vereinbarkeit mit dem Grundgesetz überprüft wird"; *Diederichsen* spricht an dieser Stelle zwar noch alternativ von einer Prüfung „unmittelbar anhand der Grundrechtsartikel", doch sind seine späteren Ausführungen (vgl. vorige Fn.) ersichtlich dahin zu verstehen, daß er diese Alternative ablehnt, zumal sonst geklärt werden müßte, wann welche der beiden Alternativen zur Anwendung gelangt, was nicht geschieht.
[25] Grundlegend BVerfGE 68, 361, 368 ff. Verneint man die Einschlägigkeit von Art. 14 GG (so vor allem *Roellecke* NJW 1992, 1652), so ändert das an der im Text vorgetragenen Argumentation nichts, da sich die Schwierigkeiten dann

dung des Privatrechtsgesetzgebers anwenden, müßte man eine Norm des einfachen Rechts suchen, durch deren „Medium" Art. 14 GG auf § 564b BGB einwirken könnte. Dafür käme wohl nur die Generalklausel des § 903 BGB in Betracht, wonach der Eigentümer einer Sache mit dieser nach Belieben verfahren und andere von jeder Einwirkung ausschließen kann. Diese Vorschrift enthält nun aber die ausdrückliche Einschränkung, daß sie nur gilt, „soweit nicht das Gesetz oder Rechte Dritter entgegenstehen". Genau das ist hier der Fall, da § 564b BGB natürlich ein „Gesetz" in diesem Sinne ist. Man müßte also diese Einschränkung erst einmal hinweginterpretieren oder irgendwie relativieren, indem man sie „im Lichte" von Art. 14 GG liest[26]. Eine solche Vorgehensweise würde sich m.E. geradezu selbst widerlegen. Bezeichnenderweise veranschaulichen die Anhänger einer nur mittelbaren Grundrechtsbindung des Privatrechtsgesetzgebers denn auch soweit ersichtlich durch kein einziges detailliertes Beispiel, wie ihre Theorie eigentlich praktisch zu handhaben sein soll.

Insgesamt ist somit die Ansicht, daß der Privatrechtsgesetzgeber an die Grundrechte nur mittelbar, d.h. „durch das Medium der dieses Rechtsgebiet unmittelbar beherrschenden Vorschriften" gebunden sei, sowohl aus normlogischen als auch aus praktischen Gründen uneingeschränkt abzulehnen. Mir scheint es sich dabei um eine Art Münchhausentheorem zu handeln, das den Privatrechtlern die Möglichkeit verschaffen soll, sich am eigenen Schopf aus dem Sumpf des Verfassungsrechts herauszuziehen. Letztlich läuft diese Konzeption auf eine „Grundrechtsfreiheit des Privatrechts"[27] hinaus.

---

lediglich verlagern. Denn dann ist statt dessen die verfassungsrechtliche Gewährleistung der Privatautonomie durch Art. 2 Abs. 1 GG heranzuziehen (vgl. dazu auch unten Fn. 34), so daß deren bürgerlichrechtliche Anerkennung (die nach verbreiteter Ansicht mittelbar in § 305 BGB Ausdruck gefunden hat) ganz ähnlich in Bezug zu Art. 2 Abs. 1 GG gesetzt werden müßte wie § 903 BGB zu Art. 14 GG; m.E. bestehen freilich gegen eine Anwendung von Art. 14 GG ohnehin keine durchgreifenden Bedenken, weil (und sofern) der Vermieter zugleich Eigentümer ist und Vermietung tatbestandlich eine von Art. 14 GG gedeckte Ausübung der aus dem Eigentum fließenden Befugnisse darstellt.
[26] Vgl. die Forderung von *Diederichsen* aaO. (Fn. 24), die bürgerlichrechtlichen Generalklauseln „mit dem Wertgehalt der Grundrechte aufzuladen".
[27] So die Charakterisierung der Positionen von *Diederichsen* und *Zöllner* durch *V. Schmidt* in Verhandlungen des 61. Deutschen Juristentags, 1996, O 44.

b) Ablehnung einer Beschränkung der Grundrechtsgeltung auf
bestimmte Funktionen und die Problematik grundrechtsprägender
Privatrechtsnormen

aa) Eine andere Frage ist, ob die Grundrechte für die Normen des
Privatrechts in ihrer klassischen Funktion als Eingriffsverbote und Abwehrrechte gelten oder lediglich in ihrer Funktion als „objektive
Grundsatznormen" Wirkung entfalten, wie vor allem *Zöllner* und *Medicus* erwägen[28]. In eine ähnliche Richtung weist die Ansicht, daß den
Grundrechten gegenüber dem Privatrechtsgesetzgeber nur die Funktion von Schutzgeboten zukommt[29]. Diesen Positionen ist dreierlei ge-
meinsam. Sie wollen zum ersten dem altbekannten Argument Rechnung tragen, daß sich im Privatrecht typischerweise auf beiden Seiten
Grundrechtsträger gegenüberstehen; deshalb tendieren sie zum zweiten dazu, Privatrechtsnormen nicht an den scharfen Maßstäben des
„Übermaßverbots" zu kontrollieren, sondern insoweit milderen Anforderungen zu unterwerfen; und sie sind zum dritten von einer starken Skepsis gegenüber der Annahme geprägt, daß das Verständnis der
Grundrechte als Eingriffsverbote im vorliegenden Zusammenhang
tragfähig ist.

Indessen zeigt die Fülle der Beispiele, die ich vorhin vorgetragen
habe[30], daß Gesetze des Privatrechts in zahlreichen Fällen[31] durchaus
Eingriffscharakter haben – und zwar u.U. in höchst massiver Weise.
Dann ist es ein Gebot der Folgerichtigkeit, sie insoweit grundsätzlich
auch am Übermaßverbot zu messen. Daß auf der anderen Seite ebenfalls ein Grundrechtsträger steht und das privatrechtliche Gesetz häufig seinem Schutz dient, kann daran schon deshalb nichts ändern, weil
auch öffentlichrechtliche Normen – etwa solche des Straf-, Bau- oder
Umweltrechts – häufig auch oder sogar primär den individuellen
Schutz anderer Personen und keineswegs immer nur die Wahrung von
Gemeinwohlinteressen bezwecken. Das – mitunter freilich generell

---

[28] Vgl. *Zöllner* RDV 1985, 8 f., der freilich von vornherein einräumt, daß die
praktischen Unterschiede gegenüber der Anwendung der Grundrechte in ihrer
Funktion als Eingriffsverbote nur gering sein dürften; *Medicus* AcP 192 (1992)
45 f. unter Bezugnahme auf die – m.E. freilich wenig klaren – Ausführungen
von *Böckenförde* Der Staat 29 (1990) 2 f.; vgl. zu *Böckenfördes* Konzeption des
Verhältnisses von Grundrechten und Privatrecht auch die treffende Kritik von
Lerche Festschr. für Odersky, 1996, S. 223 f.
[29] So *Oldiges* Festschr. für Friauf, 1996, S. 301; ähnlich *Bleckmann* DVBl.
1988, 942.
[30] Vgl. oben II 1 b.
[31] Keineswegs in allen, vgl. dazu oben Fn. 15.

kritisierte[32] – „Eingriffsdenken" kann also auch gegenüber privatrechtlichen Normen grundsätzlich seinen legitimen Platz beanspruchen.

Allerdings ist einzuräumen, daß Privatrechtsnormen auch der Verwirklichung grundrechtlicher Schutzgebote dienen können, ja daß sie
häufig beides *zugleich* darstellen: Eingriffe in Grundrechte der einen
Partei und Gewährleistungen des Schutzes der Grundrechte der anderen
Partei. So hat das Bundesverfassungsgericht unlängst – m.E. mit Recht –
ausgesprochen, daß das KSchG der Erfüllung des aus Art. 12 GG folgenden Gebots dient, den Arbeitnehmer vor einem Verlust seines Arbeitsplatzes zu schützen[33]; auf der anderen Seite liegt in einem solchen Kündigungsschutz aber zugleich eine Einschränkung der gegenläufigen
Grundrechte des Arbeitgebers, insbesondere seiner Privatautonomie[34].
Daraus kann man jedoch nicht folgern, daß nun die Eingriffsverbotsfunktion zurückzutreten hat. Vielmehr ist folgerichtig *beides* zu prüfen:
Zum einen, ob der Eingriff in die Grundrechte der einen Seite diese in einer Weise belastet, die gegen das „Übermaßverbot" verstößt, und zum
anderen, ob das Gesetz etwa hinter jenem Minimum zurückbleibt, welches die Verfassung zum Schutz der anderen Partei gebietet. Dazwischen
liegt i.d.R. ein breiter Spielraum, in welchem die Lösung verfassungsrechtlich nicht determiniert ist und dessen Ausfüllung daher allein dem
einfachen Recht überlassen bleibt. Ich werde darauf zurückkommen.

bb) Ein anderer Einwand geht dahin, daß Privatrechtsnormen häufig nicht eingreifenden, sondern lediglich grundrechtsprägenden oder
-konkretisierenden Charakter haben[35]. Das trifft gewiß im Ansatz zu.

---

[32] Vgl. dazu statt aller *Isensee* in *Isensee/Kirchhof* Handbuch des Staats-
rechts Bd. V, 1992, § 111 Rdn. 48 f. und *Lerche* ebenda § 121 Rdn. 52, die diese
Kritik würdigen und angemessen in die Schranken weisen.
[33] BVerfG NJW 1998, 1475.
[34] Das Recht zur ordentlichen Kündigung von Dauerschuldverhältnissen
hat wohl schon deshalb an der verfassungsrechtlichen Gewährleistung der Privatautonomie durch Art. 2 Abs. 1 GG bzw. Art. 12 GG teil, weil es zur Verhin-
derung einer „ewigen" Bindung durch solche Verträge und der damit verbundenen „Versteinerungsgefahr" erforderlich ist und also ein essentielles Mittel zur
Wahrung der Privatautonomie des Kündigungsberechtigten darstellt, vgl. dazu
grundlegend *Ulmer* Festschr. für Möhring, 1975, S. 304. Im übrigen stellt jeder
zwingende Kündigungsschutz zumindest deshalb einen Eingriff in die Vertragsfreiheit dar, weil er entgegenstehende Abreden der Parteien und im praktischen
Ergebnis weitgehend auch eine vertragliche Befristung ausschließt.
[35] Vgl. zu dieser Funktion der Grundrechte statt aller *Lerche* HbdStR aaO.
§ 121 Rdn. 37 ff.; allgemein zur Konkretisierung von Verfassungsrecht und den
vielfältigen Facetten dieses Ausdrucks *ders.* in *Koller/Hager/Junker/Singer/
Neuner* (Hrsg.) Einheit und Folgerichtigkeit im Juristischen Denken, Symposion zum 60. Geburtstag von C.W. Canaris, 1998, S. 7 ff.

So stellt etwa die Festlegung einer Altersgrenze für die Erlangung der vollen Geschäftsfähigkeit grundsätzlich eine bloße Ausgestaltung der Privatautonomie und nicht einen Eingriff in diese dar. Schon früh hat *Lerche* die Ansicht vertreten, daß für derartige grundrechtsprägende Normen das Übermaßverbot grundsätzlich nicht gelte[36]. Ich kann mich dem indessen nicht anschließen[37], weil dadurch der (einfache) Gesetzgeber hier ohne zwingenden Grund von der rechtsstaatlichen Legitimationskontrolle seiner Akte weitgehend – nämlich wohl bis zur Grenze eines Verstoßes gegen Art. 3 Abs. 1 GG – entbunden würde. Entließe der Gesetzgeber z.B. die Menschen erst mit 25 Jahren in die volle Geschäftsfähigkeit, so schlüge dadurch die Ausgestaltung in einen Eingriff in die durch Art. 2 Abs. 1 GG gewährleistete Privatautonomie um, der wegen Verstoßes gegen das Übermaßverbot verfassungswidrig wäre – so wie umgekehrt eine generelle Herabsetzung der Altersgrenze auf 14 Jahre gegen das verfassungsrechtlich gebotene Schutzminimum verstieße. Demgemäß stellen die grundrechtsprägenden und -ausgestaltenden Normen zwar eine gewisse Trübung des Eingriffsdenkens dar, setzen es jedoch nicht außer Kraft[38].

c) Zwischenergebnis

Insgesamt komme ich somit zu folgendem Zwischenergebnis: Die Grundrechte gelten gegenüber privatrechtlichen Normen unmittelbar. Das ist heute i.E. ganz h.L.[39]. Dabei entfalten die Grundrechte ihre „normalen" Funktionen als Eingriffsverbote und Schutzgebote. Diese Sichtweise dürfte der Sache nach auch mit der Ansicht des Bundesverfassungsgerichts übereinstimmen. Wie schon erwähnt hat dieses nämlich zum einen privatrechtliche Normen wie § 564b BGB und § 90a

---

[36] *Lerche* Übermaß und Verfassungsrecht, 1961, 140, 153; vgl. aber auch *dens.* HbdStR aaO. § 121 Rdn. 17, 31.

[37] Vgl. *Canaris* JZ 1987, 995; der Sache nach übereinstimmend z.B. *Isensee* HbdStR aaO. § 111 Rdn. 51, der auch gegenüber prägenden und ausgestaltenden Normen die Grundrechte uneingeschränkt in ihrer Funktion als Eingriffsverbote und Abwehrrechte zur Anwendung bringen will.

[38] Ähnlich *Pietzcker* Festschr. für Dürig, 1990, S. 353.

[39] Vgl. *Canaris* AcP 184 (1984) 212 ff.; *Bydlinski* in *Rack* (Hrsg.) Grundrechtsreform, 1985, S. 174 mit Fn. 2; *Stern* Das Staatsrecht der Bundesrepublik Deutschland Bd. III/1, 1988, § 76 IV 2 a und 3; *Hesse* Verfassungsrecht und Privatrecht, 1988, S. 27 mit Fn. 42; *Badura* Staatsrecht, 2. Aufl. 1996, Rdn. C 23; *Lerche* HbdStR aaO. § 121 Rdn. 42 und Festschr. für Odersky, 1996, S. 230 f.; *Larenz/Wolf* Allg. Teil des Bürg. Rechts, 8. Aufl. 1997, § 4 Rdn. 46; *J. Hager* JZ 1994, 375; *Dreier* Jura 1994, 509; *Looschelders/Roth* JZ 1995, 1037 f.; *Singer* JZ 1995, 1136; *Oldiges* Festschr. für Friauf, 1996, S. 283 f.; *Isensee* Festschr. für Kriele, 1997, S. 32.

22

Abs. 2 S. 2 HGB – und übrigens auch noch eine Reihe weiterer Vorschriften des Privatrechts wie etwa § 1629 BGB und § 1596 BGB[40] –
ohne Einschränkung an den Grundrechten gemessen und dabei einer
strengen Verhältnismäßigkeitsprüfung unterzogen, also das Übermaßverbot angewendet; und zum anderen hat es unlängst § 23 Abs. 1 S. 2
KSchG, wonach die Arbeitnehmer bestimmter Kleinbetriebe vom Gel-
tungsbereich des Kündigungsschutzgesetzes ausgenommen sind, am
Maßstab von Art. 12 GG geprüft und diesem Grundrecht dabei explizit ein Schutzgebot zugunsten der Arbeitnehmer entnommen (welches
freilich bei verfassungskonformer Auslegung durch die Ausnahme für
Kleinbetriebe nicht verletzt ist)[41].

3. Modifikationen der Wirkungen der Grundrechte

In einem Punkte ist den Kritikern eines allzu unbedenklichen Rückgriffs auf Art. 1 Abs. 3 GG freilich recht zu geben: Aus der Anwendbarkeit dieser Vorschrift auf den Privatrechtsgesetzgeber folgt nicht,
daß die Grundrechte für das Verhältnis zwischen Privatrechtssubjekten
stets genau denselben Inhalt und dieselbe Reichweite haben wie im
Verhältnis zwischen dem Bürger und dem Staat[42]. Vielmehr kann ihr
konkreter Geltungsanspruch insoweit durchaus unterschiedlich zu bestimmen sein[43] – sei es, daß er inhaltlich anders ausgestaltet ist, oder sei
es gar, daß er in besonders gelagerten Ausnahmekonstellationen gänzlich zurücktritt.

So spielen z.B. *Belange des Gemeinwohls oder des öffentlichen Interesses* für die Regelung des Verhältnisses zwischen den Privatrechtssubjekten regelmäßig keine Rolle. Demgemäß wäre es verfehlt, bei der verfassungsrechtlichen Prüfung von privatrechtlichen Normen, welche
die Berufsfreiheit einschränken – etwa durch ein vertragsergänzendes
Wettbewerbsverbot nach §§ 60, 112 HGB –, im Rahmen der Anwendung von Art. 12 GG auf Aspekte des Gemeinwohls abzuheben[44], wie

---

[40] Vgl. BVerfGE 72, 155, 173; 79, 256, 272 f.
[41] BVerfG NJW 1998, 1475.
[42] Vgl. vor allem *Lerche* Festschr. für Steindorff, 1990, S. 905 Fn. 30 und
Festschr. für Odersky, 1996, S. 215, 230 f., der im übrigen aber anerkennt, daß
der Rückgriff auf Art. 1 Abs. 3 GG eine „im Ansatz völlig einleuchtende Konstruktion" ist und einen „erheblichen Fortschritt" gegenüber der Ausstrah-
lungslehre des Bundesverfassungsgerichts mit ihren „Vagheiten" darstellt; ähnlich wie die Vorbehalte von *Lerche* sind wohl auch diejenigen von *Pietzcker*
Festschr. für Dürig, 1990, S. 352 zu verstehen.
[43] Vgl. auch unten VI 2 a a.E. = S. 74 zur „Umkehrung" des Lüth-Falles.
[44] Erst recht kommt es auf dieses Kriterium nicht an, wenn es um den Einfluß der Grundrechte auf die Wirksamkeit einer *rechtsgeschäftlichen* Regelung

man es nach der „Stufentheorie" gewöhnt ist[45]. Auch auf das Vorhandensein bzw. die Grenzen eines *Gesetzesvorbehalts* kommt es bei privatrechtlichen Normen nicht immer in derselben Weise an wie bei öffentlichrechtlichen[46]. Andererseits sind diese hier nicht etwa generell irrelevant; beispielsweise wirkt sich das Fehlen eines Gesetzesvorbehalts in Art. 5 Abs. 3 GG dahingehend aus, daß eine Einschränkung der Kunstfreiheit im Wege des Deliktsrechts und des negatorischen Rechtsschutzes nur zulässig ist, wenn sie von Verfassungs wegen zum Schutze eines kollidierenden Grundrechts wie insbesondere des allgemeinen Persönlichkeitsrechts geboten ist[47]. Schließlich kann sich bei Grundrechtseingriffen durch Privatrechtsnormen eine Besonderheit auch insofern ergeben, als mit Rücksicht auf ein kollidierendes Grundrecht eines anderen Privatrechtssubjekts *eine Abschwächung der Anforderungen im Rahmen der Übermaßprüfung und eine Intensivierung im Rahmen der Schutzgebotsverwirklichung* in Betracht kommen kann; das gilt zwar nicht generell, sondern nur problembezogen oder allenfalls bereichsspezifisch, stellt jedoch das adäquate Mittel dar, um erforderlichenfalls dem – in der wissenschaftlichen Diskussion immer wieder betonten – Gesichtspunkt Rechnung zu tragen, daß sich bei privatrechtlichen Konflikten regelmäßig auf *beiden* Seiten Grundrechtsträger gegenüberstehen.

III. Die Einwirkung der Grundrechte auf die Anwendung und Fortbildung des Privatrechts

1. Die Geltung von Art. 1 Abs. 3 GG und Art. 93 Abs. 1 Nr. 4a GG für die Rechtsprechung auf dem Gebiete des Privatrechts

Bisher war die Rede von der Bindung des Privatrechtsgesetzgebers und der von ihm erlassenen Normen an die Grundrechte. Wenden wir uns nunmehr der Frage zu, ob und gegebenenfalls in welcher Weise auch die Anwendung und Fortbildung des Privatrechts und damit vor allem die Rechtsprechung auf diesem Gebiete an die Grundrechte gebunden sind.

---

geht; nicht zutreffend daher in der Begründung insoweit BAG AP Nr. 12 zu § 611 BGB Berufssport unter II 4 e und g, vgl. dazu die überzeugende Kritik von *Singer* in der Anmerkung aaO. unter II 1 c.

[45] Vgl. dazu näher *Canaris* AcP 184 (1984) 215.

[46] Vgl. das Beispiel bei *Canaris* aaO. S. 214; ein anderes Problem ist, welche Rolle die Gesetzesvorbehalte bei der Verwirklichung der Schutzgebotsfunktion spielen, vgl. dazu unten VI 3 c.

[47] Vgl. näher *Canaris* JuS 1989, 172 und *Larenz/Canaris* Schuldrecht II/2, 13. Aufl. 1994, § 80 V 2.

24

a) Art. 1 Abs. 3 GG als Ausgangspunkt

Ausgangspunkt hat folgerichtig wiederum Art 1 Abs. 3 GG zu sein, nach dessen klarem Wortlaut die Grundrechte nicht nur die Gesetzgebung, sondern auch die Rechtsprechung „als unmittelbar geltendes Recht binden". Allerdings käme es einer unzulässigen petitio principii nahe, hieraus ohne weiteres zu schließen, daß die Grundrechte bei der Anwendung und Fortbildung des Privatrechts durch die Rechtsprechung schon deshalb „unmittelbar" gelten, weil diese in Art. 1 Abs. 3 GG ebenfalls genannt und mit der Gesetzgebung auf eine Stufe gestellt ist[48]; denn zum einen erläßt der Richter anders als der Gesetzgeber grundsätzlich keine Normen, sondern entscheidet konkrete Fälle mit Rechtskraftwirkung nur für die davon betroffenen Beteiligten, so daß die Gleichbehandlung hinsichtlich der Grundrechtsbindung in der Tat keine Selbstverständlichkeit ist, und zum anderen ist es auch durchaus zutreffend, wenn im vorliegenden Zusammenhang gesagt wird, es komme für die Grundrechtsbindung nicht auf die Stellung der Gerichte als staatlicher Organe, sondern „auf das materielle Rechtsverhältnis an, in welchem die Parteien des Rechtsstreits sich befinden"[49].

Indessen kann mit der Einbeziehung der Rechtsprechung in Art. 1 Abs. 3 GG nicht lediglich gemeint sein, daß diese nur im Rahmen ihrer *verfahrens*rechtlichen Tätigkeit, nicht aber auch in *materiell*rechtlicher Hinsicht unmittelbar an die Grundrechte gebunden ist. Die daraus folgende Konsequenz, daß zwar der Erlaß der Gesetze, nicht aber deren Anwendung und Fortbildung der unmittelbaren Bindung an die Grundrechte unterliegen, kann nämlich schon deshalb nicht richtig

---

[48] Vgl. auch die Kritik von *Lerche* Festschr. für Odersky, 1996, S. 231 Fn. 38 an *meinen* Ausführungen JuS 1989, 162 f., die freilich der Sache nach im wesentlichen bereits ebenso gemeint waren wie die im folgenden vorgetragene Argumentation.

[49] So *Starck* JuS 1981, 244; ähnlich z.B. *Stern* aaO. § 76 III 1; *E. Klein* NJW 1989, 1640; *Rüfner* in *Isensee/Kirchhof* HbdStR Bd V § 117 Rdn. 60. Wenn *Starck* freilich anschließend zu der Schlußfolgerung gelangt, daß „sich eine unmittelbare Einwirkung der Grundrechte auf das Privatrecht weder verfassungsrechtlich zureichend begründen noch in ihren Konsequenzen durchhalten läßt", so ist ihm nicht zu folgen. Denn zum einen ist schon die – häufig anzutreffende – Redeweise von der unmittelbaren Einwirkung der Grundrechte auf „das Privatrecht" wegen ihrer Ungenauigkeit zurückzuweisen, weil Starck im vorliegenden Zusammenhang primär die Lehren von der „Drittwirkung" im Auge hat und diese also nicht klar von der Frage nach der unmittelbaren Bindung des Privatrechtsgesetzgebers an die Grundrechte trennt (vgl. dazu auch unten IV 2 b); und zum anderen erfolgt die erforderliche Bezugnahme auf das „materielle Rechtsverhältnis" zwischen den Prozeßparteien durch die Sätze, welche das Gericht seiner Entscheidung zugrunde legt, vgl. unten c (insbesondere bei Fn. 53).

sein, weil deren Effektivität dadurch massiv beeinträchtigt würde. Denn unabhängig von allen Kontroversen um die Frage nach der *normativen* Qualität von „Richterrecht"[50] ist es zumindest *faktisch* gesehen weitgehend erst die Rechtsprechung, welche die Gesetze mit ihrem vollen Inhalt füllt, also das „law in action" im Unterschied zum „law in the books" schafft und dadurch deren praktische Auswirkungen auf die grundrechtlichen Positionen der Bürger maßgeblich beeinflußt. Außerdem käme man sonst zu der ganz ungereimten Konsequenz, daß der Grundrechtsschutz von den Zufälligkeiten der Gesetzgebungstechnik abhinge und z.B. bei einer tatbestandlich präzisen Norm widersinnigerweise weitaus intensiver wäre als bei einer Generalklausel. Nicht weil die Gerichte staatliche Organe sind – privatrechtliche Schiedsgerichte sind übrigens nicht einmal das! –, wohl aber weil die Anwendung und Fortbildung der Gesetze die notwendige Ergänzung und Vervollständigung ihrer Schaffung durch den Gesetzgeber darstellt, unterliegt somit auch die Rechtsprechung auf dem Gebiet des Privatrechts der unmittelbaren Bindung an die Grundrechte, die dabei folgerichtig wiederum in ihren „normalen" Funktionen als Eingriffsverbote und Schutzgebote anzuwenden sind[51].

b) Das Argument aus Art. 93 Abs. 1 Nr. 4a GG

Ergänzend ist im übrigen auch in diesem Zusammenhang wieder auf Art. 93 Abs. 1 Nr. 4a GG hinzuweisen. Nach Wortlaut und Entstehungsgeschichte dieser Vorschrift fällt darunter unzweifelhaft auch die Verfassungsbeschwerde gegen Entscheidungen der *Gerichte* und insbesondere auch gegen solche der *Zivil*gerichte wegen einer verfassungswidrigen Handhabung des materiellen Privatrechts, was sich angesichts der Aufnahme dieser Regelung in das Grundgesetz zehn Jahre nach dem insoweit grundlegenden Lüth-Urteil schlechterdings nicht leugnen läßt. Stellt aber demnach die Rechtsprechung auf dem Gebiete des Privatrechts „öffentliche Gewalt" i.S. von Art. 93 Abs. 1 Nr. 4a GG dar und können somit deren Entscheidungen *durch eine falsche Anwendung des Privatrechts* die Grundrechte verletzen, so folgt daraus mit zwingender Logik, daß die Zivilgerichte auch in materiellrechtlicher Hinsicht der Bindung an die Grundrechte unterliegen.

---

[50] Vgl. dazu statt aller *Larenz/Canaris* Methodenlehre der Rechtswissenschaft, 3. Aufl. 1995, S. 252 ff. mit Nachw.

[51] Zustimmend *Hillgruber* AcP 191 (1991) 71 f.

26

c) Die als Norm gedachte ratio decidendi als Gegenstand der Grundrechtsbindung und -kontrolle

Die Konsequenz dieser Überlegungen, die insoweit auf einen Parallelismus von Gesetzgebung und Rechtsprechung hinauslaufen, kann folgerichtig nur darin bestehen, daß die Sätze, welche die Gerichte im Wege der Gesetzesauslegung und Rechtsfortbildung ihren Entscheidungen zugrunde legen, grundsätzlich in derselben Weise *unmittelbar* an den Grundrechten zu messen sind, als stünden sie ausdrücklich im Gesetz[52]. Man muß sie also als Norm formulieren und dann wie eine solche auf ihre Verfassungsmäßigkeit prüfen. Dabei wird der die Gerichtsentscheidung tragende Satz also als Teil des materiellen Rechts gedacht und aus den genannten Gründen wie dieses der Grundrechtsbindung unterworfen, so daß letztere nicht etwa aus einem Eingriff des Gerichts als solchem, sondern aus dem von ihm zugrunde gelegten Satz gefolgert wird[53].

Was mit dieser Sichtweise gemeint ist, kann man sich gut klar machen, indem man die sogenannte *Schumann'sche Formel*[54] mit *Fikentschers* Lehre von der *Fallnorm*[55] verbindet. Nach jener Formel – von der übrigens das Bundesverfassungsgericht nicht selten ausgeht[56] – ist die Entscheidung eines Gerichts jedenfalls dann verfassungswidrig, wenn die sie tragende Rechtsansicht ein Grundrecht verletzen würde, sofern sie explizit im Gesetz stünde, also den Charakter einer Gesetzesnorm trüge. Das paßt insofern gut mit *Fikentschers* Lehre von der Fallnorm zusammen, als danach denjenigen Sätzen Normqualität zuzuerkennen ist, unter die der Richter unmittelbar subsumiert, nachdem er sie zuvor im Wege der Auslegung und Konkretisierung hinreichend präzisiert und auf den aufbereiteten Sachverhalt abgestimmt hat. Ob dieser Lehre zu folgen ist, steht hier nicht zur Diskussion. Es geht vielmehr nur darum, daß sie im vorliegenden Zusammenhang eine gute gedankliche Hilfe bildet: Man stellt sich – etwas vereinfachend gespro-

---

[52] So schon *Canaris* JuS 1989, 162 nach Fn. 8; übereinstimmend z.B. *J. Hager* JZ 1994, 377.

[53] Das verkennt z.B. *Oldiges* Festschr. für Friauf, 1996, S. 287, wenn er im Lüth-Urteil einen Eingriff ablehnt; vgl. in diesem Zusammenhang ferner oben bei und mit Fn. 49.

[54] Vgl. *E. Schumann* Verfassungs- und Menschenrechtsbeschwerde gegen richterliche Entscheidungen, 1963, S. 207, 334; vgl. dazu aus jüngster Zeit z.B. *Starck* JZ 1996, 1039; *Berkemann* DVBl. 1996, 1032 ff.; *Robbers* NJW 1998, 936.

[55] Vgl. *Fikentscher* Methoden des Rechts Bd. IV, 1977, S. 202 ff.

[56] Vgl. z.B. BVerfGE 79, 283, 290; 81, 29, 31 f.; *Berkemann* DVBl. 1996, 1033 schätzt, daß das Bundesverfassungsgericht vier Fünftel aller Urteilsverfassungsbeschwerden der Sache nach mit der Schumann'schen Formel bewältigt.

chen – die ratio decidendi einer Gerichtsentscheidung als Norm vor
und prüft, ob diese ein Grundrecht verletzen würde, wobei von dessen
unmittelbarer Anwendung auszugehen ist – nicht anders als gegenüber
dem Privatrechtsgesetzgeber. Das ist die folgerichtige Konsequenz daraus, daß die Anwendung und Fortbildung des Gesetzes dessen notwendige Konkretisierung darstellt und diesem also hinsichtlich des
Grundrechtsschutzes gleichzustellen ist.

2. Versuch einer „kritischen Rekonstruktion" des Lüth-Urteils

Diese Konzeption steht in einem gewissen Gegensatz zum Lüth-Urteil des Bundesverfassungsgerichts und wesentlichen Teilen seiner seit-
herigen Rechtsprechung. Denn darin wird lediglich von einer „Ausstrahlungswirkung" der Grundrechte auf das bürgerliche Recht ausgegangen[57]. Demgemäß nimmt das Bundesverfassungsgericht an, daß
„eine Bindung des Richters an die Grundrechte bei der streitentschei-
denden Tätigkeit auf dem Gebiet des Privatrechts *nicht unmittelbar*,
(sondern nur) insoweit in Betracht kommt, als das Grundgesetz in seinem Grundrechtsabschnitt zugleich Elemente einer objektiven Ordnung aufgerichtet hat, die als verfassungsrechtliche Grundentschei-
dung für alle Bereiche des Rechts Geltung haben, mithin auch das Privatrecht beeinflussen"[58]. Ich werde mich daher im folgenden näher mit
dem Lüth-Urteil auseinandersetzen. Dazu besteht im übrigen auch
deshalb besonderer Anlaß, weil dieses neuerdings aus zivilrechtsdog-
matischer Sicht unter starken Beschuß geraten und von *Diederichsen*
geradezu als „methodologischer Staatsstreich" bezeichnet worden ist[59].
In der Tat weist es erhebliche Schwächen auf, doch lassen sich diese
m.E. im Wege einer – wie man in der modernen Wissenschaftstheorie
zu sagen pflegt – „kritischen Rekonstruktion" beseitigen.

a) Die Notwendigkeit einer strikten Trennung zwischen „Ausstrah-
lungswirkung" und „Superrevisionsproblematik"

Ein erster gravierender Mangel des Lüth-Urteils besteht darin, daß
es den Gedanken der (bloßen) „Ausstrahlungswirkung" der Grundrechte auf das bürgerliche Recht in Zusammenhang mit der Problematik der „Superrevision" bringt. Gerade und nur bei deren Erörterung
fällt das Wort „Ausstrahlungswirkung"[60], und man gewinnt dabei den

---

[57] BVerfGE 7, 198, 207.
[58] So BVerfGE 73, 261 (Hervorhebung hinzugefügt).
[59] *Diederichsen* AcP 198 (1998) 226.
[60] BVerfGE 7, 198, 207.

28

Eindruck, daß diese Sichtweise auch und nicht zuletzt dazu dienen soll, die Gefahr einer „Superrevision" zu bannen.

Diese ist indessen keineswegs spezifisch für Verfassungsbeschwerden gegen Entscheidungen der *Zivil*gerichte, sondern besteht in prinzipiell gleicher Weise in *allen* Rechtsgebieten. Denn auch wenn gegen das Urteil eines Straf-, Verwaltungs- oder Finanzgerichts eine Verfassungsbeschwerde eingelegt wird, eröffnet diese eine zusätzliche Instanz, so daß das Bundesverfassungsgericht auch hier Vorkehrungen treffen muß, um nicht in die Rolle eines Superrevisionsgerichts zu geraten. In diesen Rechtsgebieten steht es aber außer Zweifel, daß die Grundrechte *unmittelbar* gelten. Also kann es keinen adäquaten Ausweg darstellen zu versuchen, diese Problematik im Privatrecht – und folgerichtig dann *nur* in diesem – dadurch zu entschärfen, daß man den Geltungsanspruch der Grundrechte zu einer bloßen „Ausstrahlungswirkung" herabstuft. Diese hat vielmehr mit der Superrevisionsproblematik nicht das mindeste zu tun und ist daher davon entgegen den Ausführungen im Lüth-Urteil und vielen durch dieses insoweit hervorgerufenen Mißverständnissen strikt zu trennen[61].

In Wahrheit stellt die Superrevisionsproblematik eine rein verfassungs-*prozessuale* Frage dar[62]. Diese kann m.E. dogmatisch korrekt nur dadurch gelöst werden, daß man Art. 93 Abs. 1 Nr. 4a GG für die Verfassungsbeschwerde gegen *Gerichtsentscheidungen* einschränkend auslegt; ihre methodologische Legitimation findet eine solche Vorgehensweise wohl darin, daß diese Entscheidungen – anders als Gesetze – nicht abstrakt und generell gelten, sondern Rechtskraft nur für den streitgegenständlichen Fall entfalten. Indessen liegt diese Frage außerhalb meiner Themenstellung, so daß ich sie hier nicht vertiefen kann. Immerhin sei beiläufig angemerkt, daß schon sehr viel gewonnen wäre, wenn man klarer als bisher zwischen der Begründung und dem Ergebnis der vom Bundesverfassungsgericht zu überprüfenden fachgerichtlichen Entscheidung unterscheiden würde. So ließe sich die Superrevisionsproblematik möglicherweise weitgehend entschärfen, wenn das Bundesverfassungsgericht jeweils strikt darauf abstellen würde, ob die angegriffene Entscheidung *von Verfassungs wegen* ein anderes Ergeb-

---

[61] Anders z.B. noch jüngst *Badura* Festschr. für Odersky, 1996, S. 175.
[62] Vgl. zum Verhältnis zwischen dem Bundesverfassungsgericht und den Fachgerichten aus jüngster Zeit die Beiträge von *Seidl, Starck, Schmidt* und *Niehues* in Verhandlungen des 61. Deutschen Juristentags, 1996, O 9 ff.; ferner z.B. *Starck* JZ 1996, 1033 ff.; *Berkemann* DVBl. 1996, 1028 ff.; *Robbers* NJW 1998, 935 ff.

nis haben *müßte*[63] und es nicht genügen ließe, daß sie bei richtigem Grundrechtsverständnis ein solches haben *könnte*; es erscheint mir zumindest erwägenswert, daß sich gerade in diesem Punkt eine spezifisch verfassungsprozessuale von einer spezifisch revisionsrechtlichen Sichtweise unterscheidet. Darin läge allerdings ein ziemlich radikaler Neuansatz, weil verfassungsrechtliche Fehler in der Begründung eines Urteils dann grundsätzlich nicht mehr für einen Erfolg der Verfassungsbeschwerde ausreichen würden. Hält man deshalb diesen Weg für ungangbar – und dafür sprechen gute Gründe –, so sollte in denjenigen Fällen, in denen sich die Aufhebung einer fachgerichtlichen Entscheidung durch das Bundesverfassungsgericht nur auf die verfassungsrechtliche Fehlerhaftigkeit ihrer Begründung – wie etwa die Verkennung der tatbestandlichen Reichweite eines Grundrechts – stützt, doch immerhin weitaus intensiver als bisher üblich berücksichtigt werden, daß das zuständige Fachgericht bei seiner erneuten Entscheidung durchaus zu *demselben Ergebnis wie vorher* kommen kann, sofern nunmehr die Begründung von verfassungsrechtlichen Mängeln frei ist[64]; das Bundesverfassungsgericht suggeriert leider allzu oft eine *ergebnis*orientierte Bindung des Fachgerichts auch dann, wenn sich eine solche aus der Verfassung nicht herleiten läßt, und dieses glaubt sich ebenfalls allzu oft verpflichtet, sein bisheriges Ergebnis nunmehr umzustoßen zu müssen, statt einfach nur seine Entscheidung im Lichte der Vorgaben des Bundesverfassungsgericht erneut zu überdenken und sich gegebenenfalls auf die Eliminierung der verfassungsrechtlichen Mängel unter Aufrechterhaltung des Ergebnisses zu beschränken[65]. Auch ansonsten ist ein wesentlicher Teil der einschlägigen Schwierig-

---

[63] Darauf läuft möglicherweise der Vorschlag von *Starck* JZ 1996, 1039 f. hinaus, der das Ergebnis (!) der fachgerichtlichen Entscheidung im Sinne der Schumann'schen Formel als Norm verallgemeinern will.

[64] Vgl. als Beispiel die unten V 4 a näher erörterte Entscheidung zum Auskunftsanspruch eines Kindes gegen seine Mutter über die Person seines biologischen Vaters.

[65] Ein krasses Beispiel für einen solchen überschießenden Gehorsam, ja geradezu für eine Überreaktion bildet die zweite Entscheidung des BGH im Fall Böll/Walden NJW 1982, 635, wo der BGH das Ergebnis seines ersten, vom Bundesverfassungsgericht aufgehobenen Urteils durchaus hätte aufrechterhalten können, statt dessen aber ins entgegengesetzte Extrem verfallen ist und dem Beklagten im Rahmen des Verschuldenserfordernisses, welches für den geltend gemachten Anspruch auf Ersatz immateriellen Schadens gilt, das Risiko eines Rechtsirrtums aufgebürdet hat, den derselbe Senat in derselben Sache zuvor (vgl. BGH NJW 1978, 1797) selbst begangen hatte; mit Recht bezeichnet *Medicus* Schuldrecht II, 8. Aufl. 1997, § 141 II 3 daher die zweite Entscheidung des BGH als „evident unrichtig".

keiten „hausgemacht" und ließe sich schon dadurch vermeiden, daß sich das Bundesverfassungsgericht, seinen eigenen Prämissen folgend, keinesfalls in die Lösung von Fragen einmischt, die unterhalb der Ebene der Verfassung liegen und also allein in die Kompetenz der Fachgerichte fallen[66].

b) Die Ersetzung der „Ausstrahlungswirkung" durch den Rückgriff auf die Eingriffsverbots- und die Schutzgebotsfunktion der Grundrechte

Der zweite Hauptmangel des Lüth-Urteils liegt auf verfassungsdogmatischer Ebene und besteht darin, daß das Bundesverfassungsgericht die Grundrechte hier nicht schlicht und einfach in ihrer Funktion als Eingriffsverbote und Abwehrrechte angewendet, sondern statt dessen den Ausdruck von der „Ausstrahlungswirkung" gebraucht hat. Dieser bildet schon deshalb nicht mehr als eine Verlegenheitslösung, weil er keinen juristischen Begriff, sondern lediglich eine bildhafte Wendung aus der Umgangssprache darstellt und entsprechend vage ist[67].

Der Ansatz bei Art. 1 Abs. 3 GG hat demgegenüber den Vorzug, sowohl dogmatisch weitaus klarer und einfacher als auch tatbestandlich präziser zu sein[68]. Danach braucht man nämlich, wie soeben ausge-

---

[66] Ein ärgerliches Beispiel für eine solche Einmischung bildet etwa BVerfGE 85, 1, 21 („Coordination gegen Bayer"), wo das Bundesverfassungsgericht sich angemaßt hat, selbst zu entscheiden, daß das Wort „bespitzeln" eine Tatsachenbehauptung lediglich hinsichtlich des Elements der Beobachtung, nicht aber auch hinsichtlich des Elements der Heimlichkeit enthalte; abgesehen davon ist auch der Grundsatz der „verletzerfreundlichen Auslegung" von Äußerungen, von dem das Bundesverfassungsgericht hier ausgeht, unzutreffend, vgl. *Larenz/Canaris* Schuldrecht II/2, 13. Aufl. 1994, § 80 V 1 a = S. 524 f. Übrigens ist die Neigung des Bundesverfassungsgerichts zu derartigen Einmischungen besonders ausgeprägt, wenn es darum geht, ob die Meinungsfreiheit verletzt ist, vgl. dazu die treffende Kritik von *Isensee* Festschr. für Kriele, 1997, S. 43 f.

[67] Treffende Kritik an der Lehre von der „Ausstrahlungswirkung" ferner bei *Lerche* Festschr. für Odersky, 1996, S. 216 f., 223, 227 f.

[68] Zustimmend *Lerche* aaO. S. 215, 230 f. (zu den – berechtigten – Einschränkungen, die *Lerche* insoweit macht, vgl. oben II 3); *Hillgruber* AcP 191 (1991) 71 f. und Der Schutz des Menschen vor sich selbst, 1992, S. 128 f.; *Singer* JZ 1995, 1136; *Oldiges* Festschr. für Friauf, 1996, S. 300, 303; im Ansatz auch *Jarass* AöR 120 (1995) 352 f., der jedoch offenbar die Lehre von der „Ausstrahlungswirkung" gleichwohl beibehalten und nur entsprechend präzisieren will; wenn freilich *Oldiges* und *Jarass* im vorliegenden Zusammenhang nur die Schutzgebotsfunktion der Grundrechte heranziehen wollen, so entspricht das nicht dem hier vertretenen Standpunkt, da danach die Eingriffsverbotsfunktion gleichermaßen relevant ist, wie sogleich im Text ausgeführt werden wird – und zwar gerade am Fall Lüth.

führt[69], lediglich die ratio decidendi, die der mit der Verfassungsbeschwerde angegriffenen Entscheidung des Zivilgerichts zugrunde liegt, als Norm zu formulieren und unmittelbar an den Grundrechten zu messen. Diese hätte im Fall Lüth etwa folgendermaßen gelautet: „Ein Aufruf zum Boykott eines Films verpflichtet auch dann, wenn er von einer Privatperson ohne den Einsatz wirtschaftlicher oder ähnlicher Druckmittel und ohne Wettbewerbsabsicht ausgesprochen wird, zum Schadensersatz gegenüber den Inhabern der betroffenen Kinos und kann von diesen bei Wiederholungsgefahr im Wege der Unterlassungsklage verboten werden". Es scheint mir auf der Hand zu liegen, daß eine solche Norm einen *Eingriff* in das Recht auf freie Meinungsäußerung gemäß Art. 5 Abs. 1 GG darstellt[70] (wenn man einmal von dem im vorliegenden Zusammenhang irrelevanten Zusatzproblem absieht, ob Boykottaufrufe überhaupt in den tatbestandlichen Schutzbereich von Art. 5 Abs. 1 GG fallen[71]); und es scheint mir zumindest nicht fernzuliegen, daß eine solche Norm bei einer Verhältnismäßigkeitsprüfung – wie sie das Bundesverfassungsgericht im Rahmen von Art. 5 Abs. 1 GG der Sache nach unter dem Stichwort der Wechselwirkungstheorie vornimmt[72] – ohne größeren Begründungsaufwand als verfassungswidrig zu verwerfen ist.

Das Bundesverfassungsgericht hätte im Fall Lüth somit ohne Schwierigkeiten mit der herkömmlichen Funktion der Grundrechte als Eingriffsverbote auskommen können. Es hätte sich hier daher sowohl

---

[69] Vgl. oben III 1 c.

    [70] Vgl. *Canaris* AcP 185 (1985) 10 f. und JuS 1989, 167; insoweit ähnlich *Lübbe-Wolff* Die Grundrechte als Eingriffsabwehrrechte, 1988, S. 165 f.; *Oeter* AöR 119 (1994) 535 f. Das Bundesverfassungsgericht kommt dieser Sichtweise ganz nahe, wenn es in dem Beschluß E 42, 143, 149 („Deutschland-Magazin") über ein von einem Zivilgericht im Rahmen einer Unterlassungsklage ausgesprochenes Verbot, eine bestimmte Äußerung zu wiederholen, sagt: „Ein solches Verbot ist stets, gleichgültig, ob es im staatlichen Interesse oder zugunsten Privater erfolgt, ein empfindlicher Eingriff (!), an dessen Verfassungsmäßigkeit strenge Anforderungen zu stellen sind."

    [71] Das hat das Bundesverfassungsgericht ausdrücklich bejaht, vgl. BVerfGE 7, 198, 210; in dieser Hinsicht ist dem Urteil m.E. uneingeschränkt zuzustimmen, vgl. eingehend *Canaris* JuS 1989, 167 mit Nachw. zur Gegenmeinung.

    [72] Vgl. zur Interpretation der Wechselwirkungstheorie als einer Ausprägung des Verhältnismäßigkeitsprinzips näher *Larenz/Canaris* Schuldrecht II/2, 13. Aufl. 1994, § 80 V 1 vor a; ähnlich, wenngleich mit entgegengesetzter dogmatischer Akzentuierung *Schmidt-Jortzig* in HbdStR Bd. VI, 1989, § 141 Rdn. 43. Mit Recht weist freilich *Lerche* in HbdStR Bd. V, 1992, § 122 Rdn. 21 auf die Gefahr hin, daß sich wegen der mit der Wechselwirkungstheorie verbundenen Einzelfallprüfung „der Vorbehalt des allgemeinen Gesetzes im Effekt zu einem Urteilsvorbehalt für den ganz konkreten Einzelfall verkehrt".

die These von der „objektiven Wertordnung", welche die Verfassung angeblich in ihrem Grundrechtsabschnitt aufgerichtet hat, als auch den Rückgriff auf die Grundrechte als „objektive Normen" ohne weiteres ersparen können. Bekanntlich ist die Rechtsprechung des Bundesverfassungsgerichts in dieser Hinsicht vielfältiger und z.T. sehr heftiger Kritik ausgesetzt. Ob diese berechtigt ist, kann hier dahinstehen. Denn relevant ist im vorliegenden Zusammenhang nur, daß das Lüth-Urteil auch ohne diese Kategorien hätte auskommen können und *sich mit Hilfe der herkömmlichen Eingriffsverbotsfunktion der Grundrechte hätte begründen lassen*[73]. Von einem „methodologischen Staatsstreich" oder dgl. kann daher keine Rede sein.

Bei anderen Problemen praktiziert das Bundesverfassungsgericht denn auch eine Vorgehensweise, welche der hier vertretenen Ansicht sehr nahe- oder sogar gleichkommt. So prüft es z.B. die Anwendung und Auslegung von § 564b BGB durch die Zivilgerichte darauf, ob sie sich innerhalb der Grenzen hält, welche dem Gesetzgeber durch Art. 14 GG gezogen sind[74]. Von diesem Ansatz aus dürfte es nur noch einer kleiner Schritt zu der oben 1 c verfochtenen These sein, daß die ratio decidendi einer Gerichtsentscheidung als Norm zu formulieren und dann wie eine solche unmittelbar an den Grundrechten zu messen ist.

c) Praktische Unterschiede

Außerdem hätte die Anwendung der Grundrechte als Eingriffsverbote an Stelle der dunklen Lehre von der „Ausstrahlungswirkung" noch den weiteren Vorzug gehabt, daß es auf mehrere Umstände des Einzelfalles, auf die das Bundesverfassungsgericht im Lüth-Urteil abgestellt hat, sowie auf die dazu entwickelten Kriterien von vornherein nicht angekommen wäre. Das gilt vor allem für das höchst angreifbare Erfordernis, daß es sich „um einen Beitrag zum geistigen Meinungskampf in einer die Öffentlichkeit wesentlich berührenden Frage durch einen dazu Legitimierten handelt"[75]. Darauf werde ich noch zurückkommen[76].

---

[73] Entgegen *Diederichsen* AcP 198 (1998) 217 f. trifft es daher nicht zu, daß ohne das Verständnis der Grundrechte als Wertordnung „ein Übergreifen der Abwehrrechte auf das Privatrecht – schon wegen ihrer Staatsgerichtetheit – methodisch von Anfang an ausgeschlossen gewesen wäre".

[74] Vgl. z.B. BVerfGE 79, 283, 289 f.; 79, 292, 303; 81, 29, 32 f.; 82, 6, 16; vgl. ferner die Darstellung in MünchKomm.-*Voelskow* 3. Aufl. 1995, § 564b Rdn. 9.

[75] BVerfGE 7, 198, 212.

[76] Vgl. unten V 2 und 3 a.

Unmittelbar auf das Ergebnis durchschlagen kann im übrigen, daß vom hier vertretenen Standpunkt aus das *Übermaßverbot* und insbesondere das *Verhältnismäßigkeitprinzip i.e.S.* auf die den zivilgerichtlichen Entscheidungen zugrunde liegenden Sätze anzuwenden ist, sofern diese ein Grundrecht einschränken. Demgegenüber hat das Bundesverfassungsgericht in der Mephisto-Entscheidung lediglich das *Willkürverbot* herangezogen[77]. Die Verfassungsbeschwerde richtete sich dabei gegen ein Urteil des BGH, durch welches dieser einer Klage gegen die Verbreitung des Romans „Mephisto" von Klaus Mann mit der Begründung stattgegeben hatte, in diesem werde in wenngleich verschlüsselter Weise das Lebensbild des – damals schon verstorbenen – Schauspielers Gründgens entstellt, was mit dessen postmortalem Persönlichkeitsschutz unvereinbar sei. Darin liegt tatbestandlich ein Eingriff in die Kunstfreiheit gemäß Art. 5 Abs. 3 GG durch eine (ungeschriebene) Norm des Privatrechts und ihre richterliche Konkretisierung. Folglich hätte die verfassungsrechtliche Prüfung nicht lediglich am Maßstab des Willkürverbots, sondern an demjenigen des Übermaßverbots erfolgen müssen[78]. Da Art. 5 Abs. 3 GG keinen Gesetzesvorbehalt aufweist, hätte außerdem berücksichtigt werden müssen, daß dieses Grundrecht nach der zutreffenden Rechtsprechung des Bundesverfassungsgerichts nur aus Gründen eingeschränkt werden darf, die ihrerseits ebenfalls Verfassungsrang haben. Die richtige Fragestellung wäre daher gewesen, ob es zum Schutze der – durch Art. 2 Abs. 1 i.V. mit Art. 1 Abs. 1 GG geschützten – Persönlichkeit von Gründgens *von Verfassungs wegen* geboten war, die Verbreitung des Buches zu untersagen, obwohl dieser bereits tot und die durch die Verschlüsselung erfolgte künstlerische Verfremdung ziemlich ausgeprägt war. Stellt man die Frage so, kann man sie nur verneinen, so daß der Verfassungsbeschwerde entgegen der Ansicht des Bundesverfassungsgerichts stattzugeben gewesen wäre[79].

IV. Die Einwirkung der Grundrechte auf das Verhalten der Privatrechtssubjekte

Bisher war von der Einwirkung der Grundrechte auf die Normen des Privatrechts sowie auf deren Anwendung und Fortbildung die Rede. Nicht thematisiert worden ist dagegen bisher die Frage, ob und

---

[77] BVerfGE 30, 173, 199.
[78] Ausdrücklich a.A. *Rüfner* in HbdStR Bd. V, 1992, § 117 Rdn. 70 bei Fn. 207.
[79] Vgl. näher *Canaris* JuS 1989, 172 und *Larenz/Canaris* aaO. § 80 V 2 a.

wie die Privatrechtssubjekte selbst an die Grundrechte gebunden sind. Diese – und nach richtiger Ansicht nur diese – Problematik bildet den Gegenstand der Diskussion um die sogenannte Drittwirkung der Grundrechte. Deren Verständnis wird ungemein erleichtert, wenn man *drei Fragen* klar voneinander trennt und jeweils explizit beantwortet. *Erstens*: Wer ist *Adressat* der Grundrechte – nur der Staat und seine Organe oder auch die Subjekte des Privatrechts? *Zweitens*: Wessen Verhalten ist *Gegenstand der Prüfung* an den Grundrechten – das Verhalten eines staatlichen Organs oder eines privatrechtlichen Subjekts? Und *drittens*: In welcher *Funktion* finden die Grundrechte Anwendung – als Eingriffsverbote oder als Schutzgebote?

1. Die Unterscheidung nach dem Normadressaten der Grundrechte: unmittelbare und mittelbare „Drittwirkung"

a) Ablehnung der Lehre von der „unmittelbaren Drittwirkung"

Die Frage nach dem Adressaten der Grundrechte steht hinter dem berühmten Streit zwischen der Lehre von der unmittelbaren und derjenigen von der mittelbaren Drittwirkung. Versteht man erstere richtig[80], so richten sich die Grundrechte nach dieser Konzeption nicht nur gegen den Staat, sondern außerdem auch gegen die (jeweils anderen) Privatrechtssubjekte. Die Grundrechte bedürfen danach also grundsätzlich keiner Transformation in das privatrechtliche Regelungssystem, sondern führen *ohne weiteres* zu Eingriffsverboten im Privatrechtsverkehr und zu Abwehrrechten gegenüber anderen Privatrechtssubjekten. Bei konsequenter Durchführung dieser Sichtweise enthält somit jedes Grundrecht ein gesetzliches Verbot i.S. von § 134 BGB, welches seine Einschränkung durch ein Rechtsgeschäft grundsätzlich verbietet, und ein subjektives Recht i.S. von § 823 Abs. 1 BGB, dessen Verletzung grundsätzlich zum Schadensersatz verpflichtet.

Selbstverständlich ist es rechtslogisch gesehen möglich, die Grundrechte in dieser Weise zu verstehen. Auch rechtspraktisch gesehen ist das keineswegs völlig ausgeschlossen. Das zeigt z.B. Art. 9 Abs. 3 S. 2 GG, wo ausdrücklich bestimmt ist, daß Abreden, welche die Koalitionsfreiheit einschränken oder zu behindern suchen, nichtig und hierauf gerichtete Maßnahmen rechtswidrig sind. Wenn man diesen Ansatz jedoch *verallgemeinert*, führt er zu untragbaren dogmatischen Konsequenzen, da dann weite Teile des Privatrechts, insbesondere des Vertrags- und des Deliktsrechts auf die Ebene des Verfassungsrechts geho-

---

[80] Vgl. hierzu und zum folgenden eingehend *Canaris* AcP 184 (1984) 202 ff.

ben und ihrer Eigenständigkeit beraubt würden. Außerdem gerät man in große praktische Schwierigkeiten, weil man die meisten Rechtsfolgen, zu denen diese Konzeption bei folgerichtiger Durchführung gelangen müßte wie etwa die Nichtigkeit grundrechtseinschränkender Verträge, wegen ihrer offenkundigen Unhaltbarkeit wieder hinweginterpretieren muß. Mit Recht hat sich die Lehre von der unmittelbaren Drittwirkung daher nicht durchgesetzt, was heutzutage keiner näheren Ausführung mehr bedarf.

b) Die Unterscheidung zwischen „unmittelbarer Drittwirkung" und „unmittelbarer Geltung" der Grundrechte

Allerdings herrscht hier mancherlei terminologische Verwirrung. So könnte man z.B. auf den ersten Blick meinen, daß *Hager* sich zur Lehre von der unmittelbaren Drittwirkung bekennt[81]. Sieht man genauer hin, so stellt man indessen fest, daß er sich mit der Frage nach dem *Adressaten* der Grundrechte gar nicht befaßt und nur die Unmittelbarkeit ihrer *Geltung* meint. Man sollte daher m.E. zur Vermeidung von Mißverständnissen zwischen unmittelbarer *Drittwirkung* und unmittelbarer *Geltung* der Grundrechte unterscheiden. Das empfiehlt sich nicht zuletzt deshalb, weil sonst auch die unmittelbare Bindung des Privatrechtsgesetzgebers an die Grundrechte als unmittelbare *Dritt*wirkung bezeichnet werden könnte, was in der Tat mitunter geschieht, jedoch widersinnig ist[82]. Von unmittelbarer Drittwirkung sollte man demgemäß nur dann sprechen, wenn sich die Grundrechte wie im Falle von Art. 9 Abs. 3 S. 2 GG unmittelbar gegen Subjekte des Privatrechts richten[83].

---

[81] *Hager* JZ 1994, 383.

[82] Ungenau und z.T. irreführend ist daher in dieser Hinsicht die Darstellung meiner Position durch *Diederichsen* AcP 198 (1998) 201 mit Fn. 119, wo von einem „flexiblen Alternieren zwischen unmittelbarer und mittelbarer Drittwirkung" gesprochen wird, während ich in Wahrheit die Lehre von der „unmittelbaren *Drittwirkung*" generell ablehne, wohl aber eine unmittelbare *Bindung des Privatrechtsgesetzgebers* an die Grundrechte bejahe; auf diesem abweichenden Gebrauch des Wortes „Drittwirkung" beruht auch die Darstellung bei *Diederichsen* aaO. S. 224 mit Fn 248.

[83] Ausdrücklich abgelehnt wird eine derartige terminologische Festlegung von *Alexy* Theorie der Grundrechte, 1985, S. 489 f. Damit wird er jedoch m.E. dem Anliegen der Anhänger der Lehre von der unmittelbaren Drittwirkung, wenn man dieses in eine rechtstheoretisch konsistente Formulierung umsetzt, nicht gerecht, sondern übt in Wahrheit bereits – berechtigte – Kritik an einer solchen Konzeption; außerdem führt *Alexys* eigene Definition der unmittelbaren Drittwirkung, wonach diese dadurch gekennzeichnet ist, daß „aus grundrechtlichen Gründen bestimmte Rechte und Nicht-Rechte ... in der Bürger/Bürger-Relation bestehen, die ohne diese Gründe nicht bestehen würden"

Als ein *erstes Zwischenergebnis* läßt sich somit festhalten: Normadressaten der Grundrechte sind grundsätzlich nur der Staat und seine Organe, nicht dagegen die Subjekte des Privatrechts.

2. Die Unterscheidung nach dem Gegenstand der Prüfung an den Grundrechten: Akte des Staates und Akte von Privatrechtssubjekten

Daraus folgt ohne weiteres das *zweite Zwischenergebnis*: Gegenstand der Prüfung an den Grundrechten sind grundsätzlich nur staatliche Regelungen und Akte, also vor allem Gesetze und Gerichtsentscheidungen, nicht dagegen auch solche von Privatrechtssubjekten, also vor allem Rechtsgeschäfte und Delikte[84]. Denn wenn – und soweit – diese Subjekte gar nicht Adressaten der Grundrechte sind, kann ihr Verhalten logischerweise auch nicht unmittelbar am Maßstab der Grundrechte gemessen werden.

Wenn das nun aber gleichwohl in irgendeiner Weise „mittelbar" geschieht – und das entspricht i.E. bekanntlich nahezu allgemeiner Ansicht –, muß es noch eine gedankliche Brücke geben, die das in dogmatisch konsistenter Weise ermöglicht. Diese findet man, wenn man fragt, in welcher Funktion die Grundrechte hier einschlägig sind: als Eingriffsverbote oder als Schutzgebote.

(aaO. S. 490) zu der zwar folgerichtigen, aber terminologisch unzweckmäßigen, weil die Unterschiede einebnenden Konsequenz, daß „die Theorie der mittelbaren Drittwirkung zwingend eine unmittelbare Drittwirkung zur Folge hat" (aaO. S. 490); vgl. dazu auch noch unten V 3 b bei und mit Fn. 181 zur Interpretation des Blinkfüer-Beschlusses des Bundesverfassungsgerichts.

[84] Vgl. zu dieser Unterscheidung eingehend *Canaris* AcP 184 (1984) 202 ff., AcP 185 (1985) 9 f. und JuS 1989, 161; zustimmend z.B. *Stern* Das Staatsrecht der Bundesrepublik Deutschland Bd. III/1, 1988, § 76 IV 2 a; der Sache nach ablehnend *Schwabe* AcP 185 (1985) 1 ff. mit Erwiderung von *mir* aaO. S. 9 ff.; ausdrücklich ablehnend *Diederichsen* AcP 198 (1998) 203 f., 207 f., 213, nach dessen Ansicht „das Privatrecht für die Grundrechtskontrolle unabhängig davon, ob die jeweils zu prüfende Rechtsfolge auf einer Rechtsnorm oder auf einem privatautonomen Akt beruht, eine homogene Masse gleichartigen Rechtsstoffs darstellt ...", was indessen schon deshalb nicht richtig sein kann, weil danach (u.a.) zwingendes Gesetzesrecht auf einer Stufe mit rechtsgeschäftlichen Regelungen stünde.

3. Die Unterscheidung nach der Funktion der Grundrechte: Eingriffsverbote und Schutzgebote

a) Möglichkeiten und Grenzen des „Eingriffsdenkens" und seine Ergänzung durch die Schutzgebotsfunktion der Grundrechte

Wie ich am Beispiel des Lüth-Urteils klarzumachen versucht habe, läßt sich ein Teil der einschlägigen Fälle bereits mit Hilfe der Eingriffs-verbotsfunktion der Grundrechte angemessen erfassen. Um es noch einmal zu verdeutlichen: Wenn einem Privatrechtssubjekt nach § 826 BGB ein Boykottaufruf verboten wird, ist die vom Gericht zugrunde gelegte ratio decidendi als Norm zu formulieren und wie eine solche an Art. 5 Abs. 1 GG in seiner Funktion als Eingriffsverbot i.V. mit dem Verhältnismäßigkeitsprinzip zu messen[85].

Eine solche Sichtweise ist indessen keineswegs immer möglich. Man denke etwa an die Bürgschaftsfälle[86]. Indem der BGH den Bürgen zur Zahlung verurteilt hat, hat er lediglich der aus dem Bürgschaftsvertrag folgenden Rechtsbindung zur Anerkennung verholfen. Nicht eine Norm oder die Entscheidung des Gerichts sind es, die hier in ein Grundrecht des Bürgen – nämlich seine durch Art. 2 Abs. 1 GG ge-währleistete Privatautonomie – *eingreifen*[87]; vielmehr sind es die Par-teien und insbesondere der Bürge selbst, die das Grundrecht einge-schränkt haben, doch kommt *diese* Einschränkung, wie soeben darge-legt, als solche von vornherein nicht als Gegenstand der grundrechtli-chen Prüfung in Betracht, weil sie nicht durch einen staatlichen, son-dern einen privatautonomen Akt erfolgt ist. Worum es in Wahrheit geht, ist ein *Unterlassen* des BGH; denn dieser hat sich geweigert, den Bürgen von seiner vertraglichen Verpflichtung zu *entlasten* – etwa mit Hilfe von § 138 BGB, § 242 BGB oder der Lehre von der culpa in con-trahendo. Das „Eingriffsdenken" stößt hier somit offenkundig an seine Grenzen.

Ähnliche Konstellationen können sich auch im außervertraglichen Bereich ergeben. Man denke etwa an den Fall Böll/Walden. In diesem hatte der Journalist Walden eine Äußerung des Schriftstellers Heinrich Böll so verwendet, als handele es sich um ein wörtliches Zitat, obgleich er sie abgewandelt und dadurch entstellt hatte. Zwar lag darin ein Ein-griff Waldens in das allgemeine Persönlichkeitsrecht Bölls, doch

---

[85] Vgl. oben III 1 c und 2 b.
[86] Vgl. dazu oben I 1 sowie näher unten IV 3 e.
[87] Vgl. hierzu und zu der zugrunde liegenden „Anerkennungstheorie" ein-gehend *Canaris* AcP 184 (1984) 217 ff. in Auseinandersetzung mit der abwei-chenden Position von *Schwabe*.

kommt es *darauf* wie dargelegt entgegen der Lehre von der „unmittelbaren Drittwirkung" im vorliegenden Zusammenhang wiederum nicht
an, weil Walden als Privatrechtssubjekt nicht Adressat der Grundrechte ist und sein Handeln als solches daher nicht den Gegenstand der
Prüfung an diesen bildet. Die Abweisung von Bölls Schadensersatzklage gegen Walden durch den BGH[88] stellte nun aber ebenfalls keinen
Eingriff in dessen allgemeines Persönlichkeitsrecht dar[89], der ja schon
durch Walden erfolgt war, sondern erschöpfte sich in der Weigerung,
dieses zu schützen.

Damit ist das entscheidende Stichwort gefallen: Hier hilft die
Schutzgebotsfunktion der Grundrechte weiter. Diese bildet in der Tat
eine überzeugende dogmatische Erklärung für die „mittelbare Drittwirkung" der Grundrechte, um die es im vorliegenden Zusammenhang
der Sache nach geht (wenn man den Terminus nicht überhaupt verab-
schieden will, wofür manches spricht). Zum einen bleibt es nämlich bei
der Einsicht, daß Adressat der Grundrechte nur der Staat ist[90], weil ja
auch die Verpflichtung zu ihrem Schutz *diesen* trifft; und zum anderen
wird zugleich klar, warum dadurch andere Bürger betroffen werden
und die Grundrechte – gewissermaßen auf einem Umweg – auch ihnen
gegenüber Wirkungen entfalten: eben deshalb, weil der Staat bzw. die
Rechtsordnung auch im Privatrechtsverkehr grundsätzlich verpflichtet
ist, den einen Bürger vor dem anderen Bürger zu schützen. Diese Sichtweise entspricht inzwischen der ganz h.L.[91], liegt erkennbar der neue-

---

[88] BGH NJW 1978, 1797; aufgehoben durch BVerfGE 54, 208.

[89] Das könnte man freilich problematisieren und vertiefen; es gelten dann
mutatis mutandis die Ausführungen sogleich unten b zur Variation des Falles
Lüth.

[90] Vgl. *Canaris* AcP 184 (1984) 227; *Stern* aaO. § 76 IV 5 c; *Isensee* in
HbdStR Bd. V, 1992, § 111 Rdn. 3 und 5; insoweit abweichend, jedoch m.E.
nicht folgerichtig, *Bleckmann* DVBl. 1988, 942 vor II.

[91] Vgl. *Canaris* AcP 184 (1984) 225 ff. und JuS 1989, 163 f.; *Bydlinski* in *Rack*
(Hrsg.) Grundrechtsreform, 1985, S. 183 f.; *Stern* aaO. § 76 III 4 b und 5; *Badura* Festschr. für Molitor, 1988, S. 9; *Bleckmann* DVBl. 1988, 942 und Staatsrecht
Bd. II, 4. Aufl. 1997, § 10 Rdn. 127; *Hermes* NJW 1990, 1765; *Höfling* Vertragsfreiheit, 1991, S. 53; *Rüfner* in HbdStR Bd. V, 1992, § 117 Rdn. 60 mit Fn. 180;
H.H. Klein DVBl. 1994, 492; *J. Hager* JZ 1994, 378 ff; *Oeter* AöR 119 (1994)
536 f., 549 f.; *Spieß* DVBl. 1994, 1225; *Starck* Praxis der Verfassungsauslegung,
1994, S. 67 f.; *Jarass* AöR 120 (1995) 352 f.; *Singer* JZ 1995, 1136 ff.; *Lerche*
Festschr. für Odersky, 1996, S. 230 f. (mit berechtigten Einschränkungen, vgl.
dazu oben II 3); *Oldiges* Festschr. für Friauf, 1996, S. 299 ff.; *Unruh* Zur Dogmatik der grundrechtlichen Schutzpflichten, 1996, S. 71 ff.; *Isensee* Festschr. für
Kriele, 1997, S. 32 und mit Einschränkungen auch schon in HbdStR aaO. § 111
Rdn. 134 ff.; ablehnend vor allem *Zöllner* AcP 196 (1996) 11 f., 36; *Diederichsen*
AcP 198 (1998) 249 ff.; einen merkwürdigen Sonderweg geht *Giegerich* Privat-

ren Rechtsprechung des Bundesverfassungsgerichts zugrunde, wie sie sich in der Handelsvertreter- und vor allem in der Bürgschaftsentscheidung sowie jüngst in dem Kammerbeschluß zum Auskunftsanspruch eines Kindes gegen seine Mutter über die Person seines leiblichen Vaters[92] manifestiert, und ist unlängst vom Bundesarbeitsgericht ausdrücklich rezipiert worden[93].

b) Die argumentative und dogmatische Eigenständigkeit der Schutzgebots- gegenüber der Eingriffsverbotsfunktion, demonstriert an der „Umkehrung" des Lüth-Falles

Voll verständlich wird dieses Konzept freilich erst, wenn man hinzunimmt, daß die Verfassung lediglich verbietet, ein gewisses *Minimum* an Schutz zu unterschreiten[94]. Das habe ich seinerzeit „Untermaßverbot" getauft[95] – ein Ausdruck, den sich das Bundesverfassungsgericht inzwischen zueigen gemacht hat[96]. Analysiert man die einschlägigen privatrechtlichen Probleme genauer, so zeigt sich, daß die Argumentationsweise in wesentlichen Punkten eine andere ist als bei der Anwendung der Grundrechte als Eingriffsverbote i.V. mit dem Übermaßverbot und daß die Schutzgebotsfunktion i.V. mit dem Untermaßverbot demgemäß in der Tat eine eigenständige dogmatische Figur darstellt.

Worum es hier geht, läßt sich gut an einer lehrreichen Variation des Lüth-Urteils[97] verdeutlichen. Nimmt man an, das Zivilgericht hätte die Unterlassungsklage der Kinounternehmer oder eine solche des Regisseurs Veit Harlan abgewiesen, so befänden sich diese in Umkehrung der Prozeßrollen nunmehr ihrerseits in der Position des Beschwerdeführers vor dem Bundesverfassungsgericht. Natürlich kann sich das

---

wirkung der Grundrechte in den USA, 1992, S. 27, 34, der die Schutzgebote nicht aus den einzelnen Grundrechten selbst, sondern aus einem gegenüber diesen selbständigen gesonderten Grundrecht auf Sicherheit ableiten will.

[92] BVerfGE 96, 56, 64, wo es für ein geradezu klassisches Drittwirkungsproblem heißt, daß „die Zivilgerichte mangels einer Entscheidung des Gesetzgebers im Wege der Rechtsfortbildung oder der Auslegung unbestimmter Rechtsbegriffe die Schutzpflicht wahrnehmen"; vgl. im übrigen zu dieser Entscheidung näher unten V 4 a.

[93] BAG NZA 1998, 715; 1998, 716.

[94] Mit Recht hat das Bundesverfassungsgericht daher in seiner Entscheidung zu § 23 Abs. 1 S. 2 KSchG die verfassungsrechtliche Prüfung darauf beschränkt, ob der „durch Art. 12 Abs. 1 GG gebotene *Mindest*schutz der Arbeitnehmer" gewährleistet ist, vgl. BVerfG NJW 1998, 1475 Leits. 2 und S. 1476 unter 3 b cc (Hervorhebung hinzugefügt).

[95] *Canaris* AcP 184 (1984) 228 und 245 sowie JuS 1989, 163.

[96] BVerfGE 88, 203, 254 ff.

[97] Vgl. zu diesem eingehend oben III 2.

Ergebnis dadurch nicht ändern, doch ändern sich Konstruktion und Begründung. Von einem Eingriff durch das Zivilgericht bzw. durch die von diesem zugrunde gelegte „Fallnorm" in Grundrechte der Beschwerdeführer kann dann nämlich nicht die Rede sein. Vielmehr handelt es sich lediglich darum, daß die Rechtsordnung diesen keinen Schutz vor dem Boykottaufruf gewährt[98], also um die Problematik des Untermaßverbots[99]. Zwar mag es sein, daß Lüth die Kunstfreiheit Veit Harlans beeinträchtigt hat (obwohl ich sogar das ablehnen würde, weil die Kunstfreiheit hier schon tatbestandlich gar nicht berührt ist[100]), doch kann man dieses Verhalten grundsätzlich nicht dem Staat zurechnen. Denn in einer freiheitlichen Rechtsordnung, wie sie sowohl dem GG als auch dem BGB als Leitbild zugrunde liegt, besteht die rechtliche Ausgangslage darin, daß der Staat das Verhältnis seiner Bürger untereinander grundsätzlich nicht durch Ge- und Verbote regelt; demgemäß ist zwischen diesen zulässig[101], was nicht verboten ist. Wenn also der Staat den einen Bürger gegenüber dem anderen unreglementiert gewähren läßt, so liegt darin grundsätzlich nicht etwa die *Erteilung einer Erlaubnis* zu einem Eingriff in die Gütersphäre des anderen – welche überdies auch erst noch als rechtlich geschützt tatbestandlich definiert werden müßte![102] –, sondern schlicht und einfach das Unterbleiben einer Einmischung[103].

---

[98] Ähnlich *Oeter* AöR 119 (1994) 536; insoweit übereinstimmend auch *Oldiges* Festschr. für Friauf, 1996, S. 287. Dieser schüttet jedoch das Kind mit dem Bade aus, indem er daraus auch im umgekehrten Falle – also bei dem Unterliegen Lüths vor dem Zivilgericht – schließt, daß man dabei nicht von einem Eingriff sprechen könne; insbesondere verkennt er, daß dieser nicht in dem zivilgerichtlichen Urteil als solchem, sondern in dessen – als Norm zu denkender – ratio decidendi liegt, vgl. oben III 1 c.

[99] Im Ansatz übereinstimmend *Isensee* Festschr. für Kriele, 1997, S. 32.

[100] Vgl. näher unten VI 2 a.

[101] Nicht selten wird statt dessen „erlaubt" gesagt, doch führt das leicht zu Mißverständnissen, weil dieses Wort mehrdeutig ist: es kann sowohl als Synonym für „nicht verboten" als auch für „auf einer Erlaubnis beruhend" verwendet werden; vgl. auch die Unterscheidung zwischen „negativer" und „positiver" Erlaubnis bei *Kelsen* Reine Rechtslehre, 2. Aufl. 1960, S. 16.

[102] Per se versteht sich das wohl nur für die Anwendung von physischer Gewalt durch Privatpersonen und für Lügen im Rechtsverkehr (sowie für etwaige sonstige vergleichbare Elementarverstöße), weil deren grundsätzliche Unzulässigkeit geradezu die Grundlage aller staatlichen und rechtlichen Ordnung bildet und für deren Funktionsfähigkeit schlechthin unerläßlich ist; vgl. dazu auch *Isensee* in HbdStR Bd. V, 1992, § 111 Rdn. 98 sowie im übrigen auch unten Fn. 108.

[103] Natürlich ist zuzugeben, daß es Abgrenzungsschwierigkeiten und Ausnahmen gibt, doch ändern diese nichts daran, daß die hier vertretene Sichtweise im Grundsätzlichen zutrifft, vgl. näher sogleich unter c.

Die gegenteilige Ansicht, wie sie von den Anhängern der „etatisti-schen Konvergenztheorie"[104] vertreten wird[105], läuft letztlich darauf hinaus, daß jede (!) zulässige Beeinträchtigung des einen Bürgers durch einen anderen entweder auf einem Akt staatlicher *Delegation* an den ersteren oder auf einer rechtlichen *Duldungspflicht* des letzteren beruht bzw. daß alles menschliche Handeln grundsätzlich einem *Verbot mit Erlaubnisvorbehalt* unterliegt. Eine solche Konzeption ist als generelles Denkmodell wegen ihrer prinzipiellen Freiheitswidrigkeit unhaltbar und wird von der h.L. mit Recht abgelehnt[106].

Wenn also Lüth die Kunstfreiheit Veit Harlans beeinträchtigt und das ohne rechtliche Sanktion bleibt, so handelt er dabei nicht in Ausübung irgendeiner besonderen Befugnis, sondern in Wahrnehmung seiner allgemeinen Freiheit, wie sie im Verhältnis der Bürger untereinander grundsätzlich als Ausgangslage gegeben ist. Gleiches gilt folgerichtig auch gegenüber den Kinounternehmern, ohne daß es in diesem Zusammenhang darauf ankommt, ob deren Recht am Gewerbebetrieb durch Art. 14 GG geschützt ist[107]. Ebenso wenig kann etwa von einer Rechtspflicht Veit Harlans und/oder der Kinounternehmer zur Hinnahme des Boykottaufrufs die Rede sein. Vielmehr steht es diesen völlig frei, sich im Meinungskampf ihrerseits zu wehren – z.B. durch Gegendarstellungen, Reklame, Kritik an Lüth usw.; daß sie nicht zu phy-

---

[104] Der Terminus stammt, soweit ersichtlich, von *Isensee* aaO. § 111 Rdn. 118.

[105] Hauptrepräsentanten sind *Schwabe* Die sogenannte Drittwirkung der Grundrechte, 1971, S. 26 ff., 62 ff. und Probleme der Grundrechtsdogmatik, 1977, S. 213 ff. sowie *Murswiek* Die staatliche Verantwortung für die Risiken der Technik, 1985, S. 63 ff., 91 ff.

[106] Vgl., mit im einzelnen unterschiedlichen Akzentsetzungen, *Canaris* AcP 184 (1984) 217 – 219, 230 f. und AcP 185 (1985) 11 f.; *Alexy* Theorie der Grundrechte, 1985, S. 415 ff.; *Robbers* Sicherheit als Menschenrecht, 1987, S. 128 f.; *Hermes* Das Grundrecht auf Schutz von Leben und Gesundheit, 1987, S. 95 ff.; *Lübbe-Wolff* Die Grundrechte als Eingriffsabwehrrechte, 1988, S. 168 ff.; *Stern* aaO. § 66 III 2 b, § 67 V 2 a und § 69 IV 5 b; *E. Klein* NJW 1989, 1639; *Höfling* Vertragsfreiheit, 1991, S. 50 ff.; *Dietlein* Die Lehre von den grundrechtlichen Schutzpflichten, 1992, 39 ff.; *Sass* Art. 14 GG und das Entschädigungserfordernis, 1992, S. 407 ff.; *Isensee* aaO. § 111 Rdn. 119; *Starck* aaO. S. 73 f.; *Unruh* aaO. S. 46 f.; *Baston-Vogt* Der sachliche Schutzbereich des zivilrechtlichen allgemeinen Persönlichkeitsrechts, 1997, S. 68 ff.

[107] Anders insoweit wohl *Pietzcker* Festschr. für Dürig, 1990, S. 359; auch wenn man die „Freiheit vom Boykottaufruf" grundsätzlich zum notwendigen Inhalt des Unternehmensschutzes nach Art. 14 GG zählen würde, wie *Pietzcker* aaO. erwägt, so würde es sich doch jedenfalls nicht um einen Verstoß gegen das Verbot von Gewalt, Lüge und dgl. handeln, was insoweit ausschlaggebend ist, vgl. dazu oben Fn. 102.

sischer Gewalt gegen ihn greifen dürfen, hat nichts mit einer Duldungspflicht zu tun[108], sondern schließt nur eines unter mehreren denkbaren Mitteln der Gegenwehr wegen seiner prinzipiellen Inakzeptabilität[109] aus. Weisen die Zivilgerichte also eine Unterlassungsklage gegen Lüth ab, so handelt es sich demgemäß in der Tat von vornherein nicht um einen staatlichen Eingriff in Grundrechte, sondern lediglich um die Unterlassung ihres Schutzes durch die Rechtsordnung.

Das wird vollends offenkundig, wenn man auch hier die ratio decidendi als Norm formuliert[110]. Sie könnte in etwa lauten: Ein gegen einen Film gerichteter Boykottaufruf, der ohne wirtschaftlichen Druck und ohne Wettbewerbsabsicht erfolgt, verletzt den Regisseur und die Inhaber von Kinos, in denen der Film gespielt wird, nicht (!) in einem sonstigen Recht i.S. von § 823 Abs. 1 BGB und verstößt nicht (!) gegen die guten Sitten i.S. von § 826 BGB, so daß diesen kein (!) Unterlassungsanspruch gegen den Aufrufer zusteht – eine Formulierung, die durch ihre *negative* Fassung sehr gut deutlich werden läßt, daß es um eine *Verweigerung* von Rechtsschutz geht.

Um eine hiergegen gerichtete Verfassungsbeschwerde abzuweisen, bedarf es nun nicht einer strengen Verhältnismäßigkeitsprüfung wie bei

---

[108] Das verkennt *Murswiek* aaO. S. 92. Unzutreffend sind demgemäß auch seine – für ihn essentiellen – Thesen: „Was nicht verboten ist, daran darf man nicht gehindert werden" und „Wer in seinem unverbotenen Verhalten von Dritten gestört wird, hat einen gerichtlich durchsetzbaren Abwehranspruch", aaO. S. 66. Man darf einen anderen z.B. grundsätzlich an der Wahrnehmung von Chancen hindern, indem man sie selbst ausnutzt – etwa indem man im Wettbewerb ein günstigeres Angebot macht, indem man sich vor einem anderen auf einen freien Platz im Zug setzt, indem man ihm bei der Aneignung einer herrenlosen Sache zuvorkommt usw.; nur wenn man sich dabei rechtlich mißbilligter Mittel bedient oder die Chance sich rechtlich „verdichtet" hat (zum subjektiven Recht oder zum Besitz i.S. von § 858 BGB), ist man einem Abwehranspruch ausgesetzt. Soweit es nicht um das Verbot von Gewalt, Lüge und ähnlich elementaren Verstößen geht (vgl. dazu auch oben Fn. 102), bedarf es somit grundsätzlich einer *rechtlichen Festlegung des unzulässigen Verhaltens* bzw. *der geschützten Rechtsposition.* Das gilt weitgehend sogar für so fundamentale Rechtsgüter wie Leben, Gesundheit und Sacheigentum. Entgegen der Ansicht von *Murswiek* aaO. S. 63 (im Anschluß an *Schwabe*) kann sich nämlich derjenige, der einem Risiko ausgesetzt ist, welches „ohne Erlaubnis verursacht" worden ist, gegen dieses keineswegs immer „rechtlich zur Wehr setzen"; denn die Schaffung eines Gefahrenherdes ist bekanntlich nicht per se rechtswidrig, sondern nur dann, wenn sie gegen eine – jeweils „positiv" festzustellende – Verkehrspflicht verstößt, und auch der Gefährdungshaftung liegt kein Rechtswidrigkeitsurteil zugrunde, vgl. dazu näher *Larenz/Canaris* Schuldrecht II/2, 13. Aufl. 1994, § 75 II 3 und § 76 III 1 bzw. § 84 I 3 a.

[109] Vgl. oben Fn. 102.

[110] Vgl. zu dieser Vorgehensweise näher oben III 1 c.

derjenigen von Lüth selbst, sondern nur des schlichten Hinweises darauf, daß die Verfassung gegenüber einem Boykottaufrufer, der sich allein der Kraft des Wortes und nicht – wie im ganz anders gelagerten Fall Blinkfüer[111] – wirtschaftlichen Druckes bedient, keinerlei Anlaß zu einem Schutz des Boykottierten hat; auch, ja gerade Kunst muß sich im freien Meinungskampf aus eigener Kraft durchsetzen und darf nicht erwarten, daß ihr der Staat dabei schützend zu Hilfe eilt! Auch wenn man hier Art. 14 GG bzw. Art. 5 Abs. 3 GG als „berührt" ansieht[112], scheitern die Beschwerdeführer somit bei dieser Konstellation schon daran, daß sich eine grundrechtliche Pflicht zu ihrem Schutz nicht begründen läßt, und kommen also bereits über diese erste Argumentationsschwelle nicht hinweg, so daß man gar nicht erst bis zu einer Verhältnismäßigkeitsprüfung und der damit verbundenen Abwägungslösung gelangt.

c) Die schwächere Wirkung von Schutzgebotsfunktion und Untermaßverbot

In dieser Unterschiedlichkeit der Argumentation tritt eine Eigentümlichkeit zu Tage, aus der sich eine wesentliche Pointe der hier vertretenen Konzeption ergibt. Diese besteht darin, daß die Wirkungskraft der Schutzgebotsfunktion i.V. mit dem Untermaßverbot grundsätzlich schwächer ist als die der Eingriffsverbotsfunktion i.V. mit dem Übermaßverbot. Das beruht auf mehreren Gründen.

Von zentraler Bedeutung ist zunächst, daß es um die Problematik des *Unterlassens* geht[113]. Bei einem solchen bedarf es, wie wir sowohl aus dem Strafrecht als auch aus dem Zivilrecht gewöhnt sind, grundsätzlich der Überwindung einer *spezifischen Argumentationsschwelle*, um überhaupt eine *Rechtspflicht zum Handeln* zu begründen. Das gilt auch für das Verfassungsrecht[114], weil sonst der strukturtheoretische Unterschied zwischen Abwehr- und Leistungsrechten[115] ausgehöhlt würde[116]. Insbesondere geht es grundsätzlich nicht an, dem Staat im Bereich des Unterlassens dieselbe Legitimations- und Begründungslast

---

[111] Vgl. dazu unten V 3 b.
[112] Vgl. dazu näher unten VI 2 a.
[113] Vgl. *Canaris* JuS 1989, 163; zustimmend *Oldiges* Festschr. für Friauf, 1996, S. 306; ähnlich z.B. *E. Klein* NJW 1989, 1639.
[114] Ähnlich *Isensee* aaO. § 111 Rdn. 99, der eine „positive Feststellung der Rechtswidrigkeit" und ein entsprechendes „positives Unwerturteil" fordert.
[115] Diesen hat vor allem *Alexy* aaO. S. 420 ff. überzeugend herausgearbeitet, auf dessen Ausführungen der Kürze halber verwiesen sei.
[116] Vgl. auch BVerfGE 96, 56, 64; *Badura* Festschr. für Odersky, 1996, S. 180; *Baston-Vogt* aaO. S. 69 f. mit weiteren Nachw.

44

aufzuerlegen wie im Bereich des Eingriffshandelns. Denn während er diese hier nur hinsichtlich einer einzigen Maßnahme – nämlich der jeweils ergriffenen – zu tragen hat, müßte er sich dort u.U. für eine Vielzahl unterlassener Schutzmaßnahmen, ja sogar dafür entlasten, daß er überhaupt untätig geblieben ist[117]; das wäre umso weniger akzeptabel, als die Zulässigkeit einer solchen Untätigkeit häufig der rechtlichen Ausgangslage entspricht, weil ein umfassender Schutz der Bürger faktisch gar nicht möglich ist und überdies zu einer untragbaren Bevormundung sowie zu ebenso untragbaren Eingriffen in Grundrechte Dritter führen würde. Um ein Problem des Unterlassens geht es dabei folgerichtig nicht nur hinsichtlich des Gesetzgebers, sondern auch hinsichtlich der Rechtsprechung; zwar gehört zu deren legitimen Aufgaben auch die Verwirklichung grundrechtlicher Schutzgebote im Wege der Auslegung und lückenfüllenden Rechtsfortbildung[118], doch reicht ihre Kompetenz insoweit keinesfalls weiter als diejenige des Gesetzgebers und hängt daher entscheidend davon ab, ob diesen eine entsprechende Schutzpflicht trifft (welche die Rechtsprechung dann statt seiner erfüllt).

Hinzu kommt, daß die Verwirklichung der Schutzgebotsfunktion i.d.R. nur mit den Mitteln des einfachen Rechts möglich und dieses keineswegs zur Gänze verfassungsdeterminiert ist, soweit es den Schutz von Grundrechten der Bürger zum Gegenstand hat[119]. Vielmehr steht dem Gesetzgeber hier regelmäßig ein weiter Gestaltungsfreiraum offen[120]. Das entspricht der ständigen Rechtsprechung des Bundesverfassungsgerichts[121] und das hat dieses vor kurzem in einer Entscheidung, auf die ich noch näher eingehen werde, auch für die Wirkung der Schutzgebotsfunktion im Privatrecht nachdrücklich bekräftigt[122]. Eine

---

[117] Letzteres berücksichtigt *J. Hager* JZ 1994, 381 unter IV 1 a nicht hinreichend; außerdem setzt er hier bezeichnenderweise voraus, daß der Gesetzgeber „bei einem nicht hinreichenden (!) Schutz" untätig geblieben ist, obwohl es doch gerade darum geht, überhaupt erst zu begründen, *daß* der Schutz nicht hinreichend ist und *deshalb* ein verfassungsrechtliches Schutzgebot besteht.
[118] Vgl. z.B. *Stern* aaO. § 69 IV 6 c; *Isensee* aaO. § 111 Rdn. 156.
[119] Vgl. dazu vertiefend und zusammenfassend unten VI 3 a.
[120] Vgl. vertiefend und zusammenfassend unten VI 3 b; völlig berechtigt ist daher jedenfalls für die im vorliegenden Zusammenhang zur Diskussion stehenden Probleme die Forderung von *Medicus* AcP 192 (1992) 60, „mit dem oft proklamierten Spielraum des einfachen Gesetzgebers gerade für das Privatrecht Ernst zu machen".
[121] Vgl. z.B. (mit z.T. unterschiedlichen Formulierungen) BVerfGE 39, 1, 44 f.; 46, 160, 164 f.; 56, 54, 80 f.; 77, 170, 214 f.; 79, 174, 202; 88, 203, 254, 262; 89, 214, 234; 92, 26, 46; 96, 56, 64 f.
[122] Vgl. BVerfGE 96, 56, 64 und dazu näher unten V 4 a.

unmodifizierte Übertragung des strikten Verhältnismäßigkeitsprinzips, wie es im Rahmen des Übermaßverbots entwickelt worden ist, auf die Konkretisierung des Untermaßverbots kommt daher grundsätzlich nicht in Betracht[123], auch wenn natürlich Verhältnismäßigkeitsgesichtspunkte hier ebenfalls eine Rolle spielen wie bei allen Abwägungslösungen[124].

Aus der Sicht der vorliegenden Problematik ist schließlich hinzuzufügen, daß man auf die bohrende Frage, wie sich denn eigentlich der Respekt vor der Eigenständigkeit des Privatrechts und insbesondere vor der Privatautonomie vom Boden der hier vertretenen, von der h.L. prinzipiell geteilten Konzeption aus praktisch auswirke[125], keine adäquate Antwort geben kann, wenn man nicht sagen kann: eben durch die schwächere Wirkungskraft von Schutzgebotsfunktion und Untermaßverbot![126] Bezeichnenderweise spielen denn auch die Kriterien, die für die Begründung einer Schutzpflicht maßgeblich sind[127], im Rahmen der Eingriffsverbotsfunktion und des Übermaßverbots keine oder zumindest keine ähnlich gewichtige Rolle[128], was mittelbar die dogmatische und inhaltliche Eigenständigkeit von Schutzgebotsfunktion und Untermaßverbot bestätigt und bekräftigt.

d) Einwände: Austauschbarkeit der Grundrechtsfunktionen und Asymmetrie des Grundrechtsschutzes

aa) Gegen die These von der schwächeren Wirkungskraft der Schutzgebotsfunktion hat nun freilich *Hager* gewichtige Einwände erhoben. Einer liegt darin, daß Eingriffsverbots- und Schutzgebotsfunk-

---

[123] Vgl. auch *Robbers* aaO. S. 170 ff; *Baston-Vogt* aaO. S. 70 mit weiteren Nachw.; a.A. z.B. *Dietlein* aaO. S. 116; der Sache nach wohl auch *J. Hager* JZ 1994, 382 f. mit Fn. 111.

[124] Zutreffend dazu *Medicus* AcP 192 (1992) 52 f.

[125] Vgl., im Ansatz völlig berechtigt, *Diederichsen* AcP 198 (1998) 205, 207 f. und öfter.

[126] Darin scheint mir insbesondere gegenüber der – sogleich noch näher zu behandelnden – Ansicht von *J. Hager* JZ 1994, 381 ff., wonach „es für die Reichweite der Grundrechte im Privatrecht keine Rolle spielt, ob sie unter ihrem Abwehr- oder unter ihrem Schutzaspekt zum Tragen kommen" (S. 383), und „die Kriterien von Über- und Untermaßverbot identisch sein dürften" (S. 382 Fn. 111), ein gewichtiger Einwand zu liegen; ich halte es nicht einmal für ausgeschlossen, daß gegen die Konzeption von *Hager* sogar das Schreckbeispiel von *Diederichsen* AcP 198 (1998) 213 f., welches gegenüber meiner Position nicht verfängt (vgl. oben Fn. 15), ins Feld geführt werden könnte.

[127] Vgl. zu diesen eingehend unten VI 2 b und c.

[128] Auch das spricht m.E. gegen die Identitätsthese von *J. Hager* aaO. (wie oben Fn. 126).

tion häufig austauschbar seien[129]. Indessen habe ich bei der Auseinandersetzung mit der Kritik von *Diederichsen* an der Anwendbarkeit von Art. 1 Abs. 3 GG eine Fülle von Beispielen ins Feld geführt, bei denen es sich um klare Eingriffstatbestände handelt[130]. Desgleichen habe ich vorhin ebenso klare Beispiele der Schutzgebotsfunktion genannt – nämlich die Bürgschaftsfälle und den Fall Böll/Walden – und soeben an Hand des Lüth-Urteils demonstriert, daß man auch innerhalb ein und desselben Falles die beiden Seiten der Eingriffsverbots- und der Schutzgebotsfunktion deutlich trennen kann (und muß).

Natürlich gibt es Grenzfälle und zu diesen gehören alle Beispiele, die *Hager* mir entgegenhält. Denn dabei geht es teils um Normen, durch die Grundrechte lediglich ausgestaltet werden, und teils um solche, durch die Privatrechtssubjekten bestimmte Kompetenzen oder Befugnisse erteilt werden. Daß auch für ausgestaltende Normen das Übermaßverbot und nicht lediglich das Untermaßverbot gilt, habe ich in anderem Zusammenhang bereits ausgeführt[131]; für die Erteilung von Kompetenzen und Befugnissen an Privatrechtssubjekte ist m.E. ebenso zu entscheiden[132] – wie überhaupt die Faustregel gilt, daß im Zweifel von der Abwehrfunktion eines Grundrechts und damit vom Übermaßverbot auszugehen ist[133]. Außerdem schrecken mich Abgrenzungsschwierigkeiten hier nicht. Wir sind doch sattsam daran gewöhnt, daß Tun und Unterlassen fast bis zur Ununterscheidbarkeit ineinander übergehen können. Solange die Kernbereiche in klarem Kontrast stehen und hinreichend groß bleiben, ändern Grenzfälle nichts an der Sinnhaftigkeit einer Unterscheidung. Schließlich leugnet ja auch niemand den Unterschied zwischen Tag und Nacht unter Hinweis auf die Dämmerung.

Im übrigen kann man etwaigen Wertungswidersprüchen erforderlichenfalls dadurch vorbeugen, daß man in Grau- und Grenzzonen die Handhabung des Übermaßverbots abschwächt und diejenige des Untermaßverbots verschärft. Diesen Unterschied aber gänzlich zu nivellieren, wie es letztlich in der Konsequenz der Austauschbarkeitsthese

---

[129] *J. Hager* JZ 1994, 381 f.

[130] Vgl. oben II 1 b.

[131] Vgl. oben II 2 b.

[132] Vgl. *Canaris* AcP 185 (1985) 11 f. und Anm. zu BVerfG AP Nr. 65 zu Art. 12 GG Bl. 460 Rückseite, u.a. unter Bezugnahme auf die Problematik der Entziehung des Pflichtteils gemäß § 2333 BGB und die verfassungsrechtliche Behandlung dieser Problematik in BGHZ 109, 306, 313 = BGH JZ 1990, 697, 699 mit Anm. von *Leipold*, die auch *Hager* aaO. S. 382 unter 2 als Beispiel heranzieht.

[133] So mit Recht *Isensee* aaO. § 111 Rdn. 117 a.E.

liegen dürfte[134], geht nicht an, weil man sich dabei zwangsläufig in die
– bereits kritisierten[135] – Mängel und Fehlvorstellungen der „etatistischen Konvergenztheorie" verstricken würde.

bb) Ein zweiter Einwand liegt in einer *Asymmetrie* zugunsten desjenigen, der in die Sphäre des anderen eingreift[136]. Diese Beobachtung
trifft als solche im Ansatz zu. Wenn z.B. Lüth zu einem Boykott eines
Films von Veit Harlan aufruft, so kommt er gegenüber dessen etwai-
gem Unterlassungsanspruch in den Genuß des starken Schutzes aus
Art. 5 Abs. 1 GG i.V. mit dem Übermaßverbot; letzterem steht dagegen
wie oben b) dargelegt nur der schwächere Schutz des Untermaßverbots
zur Verfügung, wenn er sich seinerseits gegenüber Lüth auf sein
Grundrecht der Kunstfreiheit aus Art. 5 Abs. 3 GG beruft.
Diese Asymmetrie – die übrigens in ähnlicher Weise in der Diskussion
um Rauchverbote zum Schutze von Passivrauchern eine Rolle spielt –
stellt jedoch keine Schwäche, sondern im Gegenteil eine Stärke meiner
Lösung dar. Darin spiegelt sich nämlich lediglich das *Prinzip vom Vorrang der Gesellschaft gegenüber dem Staat* adäquat wider, wonach der
Verkehr der Bürger untereinander grundsätzlich von staatlichen Eingriffen frei ist und solche daher jeweils einer besonderen Legitimation
bedürfen. Verbietet also der Staat Herrn Lüth eine Meinungsäußerung,
um die Kinoinhaber vor einem Boykott zu bewahren, so muß er sich
dafür legitimieren und demgemäß den Anforderungen des Übermaßverbots Rechnung tragen; verlangen die Kinoinhaber oder Veit Harlan
ihrerseits den Schutz des Staates, so muß dieser sich für sein etwaiges
Eingreifen *ebenfalls* legitimieren, indem er die besonderen Argumenta-
tionshürden von Schutzgebotsbegründung und Untermaßverbot über-
windet. Das sind lediglich zwei kongruente Ausprägungen ein und desselben Grundgedankens. Bei genauerem Überdenken verwandelt sich
somit der Asymmetrieeinwand letztlich geradezu in sein Gegenteil – in
ein Symmetrieargument, weil der Staat bei *beiden* Konstellationen *gleichermaßen* einer besonderen Legitimationslast unterliegt.

e) Die Geltung der Schutzgebotsfunktion auch gegenüber der Selbstbindung durch Verträge

aa) Die Schutzgebotsfunktion der Grundrechte entfaltet ihre Wirkungen grundsätzlich auch gegenüber der Selbstbindung der Parteien

---

[134] So meint *Hager* JZ 1994, 382 Fn. 111 in der Tat, daß „die Kriterien von
Über- und Untermaßverbot identisch sein dürften".
[135] Vgl. oben b.
[136] Vgl. *J. Hager* JZ 1994, 381.

durch Verträge[137]. Dagegen läßt sich nicht einwenden, daß diese auf der Ausübung von Privatautonomie beruht, die ihrerseits verfassungsrechtlich gewährleistet ist, und ein „Grundrechtsschutz vor sich selbst" nicht in das liberale Konzept der Grundrechte passe[138]. Rechtstheoretisch und verfassungsdogmatisch ist das schon deshalb nicht überzeugend, weil die Vertragsbindung zwar in der Tat ihren primären Grund in der Privatautonomie der Parteien hat[139], jedoch positivrechtliche Geltung erst durch die „Anerkennung" von Seiten des Staates und der Rechtsordnung erlangt[140] und von diesen außerdem mit Sanktionen bewehrt wird bis hin zur Zwangsvollstreckung.

Wichtiger noch ist, daß sich auch von der Sachproblematik her genuine Schutzaufgaben stellen, deren Erfüllung mit einem liberalen Grundrechtsverständnis durchaus in Einklang steht. Das gilt schon deshalb, weil es Grundrechte gibt, die wie z.B. die Religionsfreiheit wegen ihres höchstpersönlichen Charakters überhaupt nicht zur Disposition ihres Trägers stehen und deren Ausübung demgemäß von vornherein nicht als Gegenstand vertraglicher Selbsteinschränkung in Betracht kommt oder die gegenüber einer solchen wegen ihres starken personalen Gehalts besonders „sensibel" sind wie z.B. die körperliche Integrität und die Freizügigkeit. Hier der Privatautonomie Schranken zu setzen, entspricht geradezu altliberalem Gedankengut, und daher ist kein durchschlagender Einwand dagegen ersichtlich, hier erforderlichenfalls[141] auf eine verfassungsrechtliche Fundierung in der Schutzgebotsfunktion der Grundrechte zurückzugreifen[142]. Im übrigen führt

---

[137] Vgl. *Canaris* AcP 184 (1984) 232 ff. und JuS 1989, 164 ff.; übereinstimmend z.B. *Rüfner* in HbdStR Bd. V, 1992, § 117 Rdn. 64; *J. Hager* JZ 1994, 378 ff.; *Singer* JZ 1995, 1136 ff.; *Oldiges* Festschr. für Friauf, 1996, S. 304 ff.; *Enderlein* Rechtspaternalismus und Vertragsrecht, 1996, S. 172.

[138] So aber *Isensee* in HbdStR Bd. V, 1992, § 111 Rdn. 113 f. und 128 ff.; im wesentlichen übereinstimmend *Hillgruber* Der Schutz des Menschen vor sich selbst, 1992, S. 149 ff. mit weitreichenden privatrechtlichen Konsequenzen; im Ansatz und in den Folgerungen ähnlich *Zöllner* AcP 196 (1996) 7 f., 12 f., 36; kritisch zu *Isensee* und *Hillgruber* insoweit *J. Hager* JZ 1994, 379; *Singer* JZ 1995, 1137 f.

[139] Vgl. auch BVerfGE 81, 242, 253 f. („nicht primär in staatlichem Handeln").

[140] Vgl. zu dieser „Anerkennungstheorie" näher *Canaris* AcP 184 (1984) 218 f. mit Nachw.

[141] Vgl. dazu näher sogleich im Text.

[142] Ebenso i.E. *Singer* JZ 1995, 1138 ff.; anders *Hillgruber* aaO. S. 151 ff. zu Art. 11 GG, doch geht es entgegen seiner Ansicht hier nicht um „Schutz vor sich selbst" (S. 153), sondern um einen – auch mit liberalem Grundrechtsverständnis durchaus zu vereinbarenden – Schutz des Grundrechts gegenüber seinem Träger, der sich seiner Ausübung wegen der der Freiheit immanenten Bindungen nicht nach Belieben vertraglich begeben kann.

die Heranziehung der Verfassung in diesem Zusammenhang, entgegen vielen Mißverständnissen, keineswegs immer zur Nichtigkeit des betreffenden Vertrags nach § 138 BGB, sondern zu einem abgestuften Repertoire von Rechtsfolgen mit unterschiedlicher Eingriffstiefe bis hin zum bloßen Ausschluß der Zwangsvollstreckung gemäß oder analog § 888 Abs. 2 ZPO[143].

Eine zweite genuine Schutzaufgabe besteht darin, möglichst weitgehend zu gewährleisten, daß der privatautonome Akt, durch den ein Grundrecht eingeschränkt wird, nicht nur formal, d.h. rechtlich, sondern auch material, d.h. faktisch auf einer freien Entscheidung der betreffenden Vertragspartei beruht[144]. Darin liegt ebenfalls ein altbekanntes Elementarproblem des Vertragsrechts, über dessen Triftigkeit und Lösungsbedürftigkeit auch vom Boden einer liberalen Grundhaltung aus im Prinzip seit jeher Einigkeit herrscht, und daher bestehen auch insoweit keine grundsätzlichen Bedenken gegen einen Rückgriff auf die Schutzgebotsfunktion der Grundrechte[145]. In diesen Zusammenhang gehört die vieldiskutierte Bürgschaftsentscheidung des Bundesverfassungsgerichts[146]; denn deren Kerngedanke liegt darin, daß die – verfassungsrechtlich gewährleistete – Privatautonomie nicht nur formal, sondern auch material zu verstehen ist und daß eine Vertragspartei daher unter bestimmten Voraussetzungen vor der Bindung an einen für sie nachteiligen oder gefährlichen Vertrag geschützt werden muß, sofern sie bei dessen Abschluß in ihrer faktischen Möglichkeit zu privatautonomer Selbstbestimmung erheblich beeinträchtigt war[147].

---

[143] Vgl. eingehend *Canaris* AcP 184 (1984) 232–234 und JuS 1989, 164–166; zustimmend hinsichtlich der Analogie zu § 888 ZPO z.B. *Schlechtriem* in 40 Jahre Grundgesetz, 1990, S. 48 f.; *Spieß* DVBl. 1994, 1229; *J. Hager* JZ 1994, 382; *Oldiges* aaO. S. 307.

[144] Vgl. auch *Grimm* Die Zukunft der Verfassung, 1991, S. 212.

[145] Vgl. eingehend *Singer* JZ 1995, 1137 f.; ähnlich z.B. *E. Klein* NJW 1989,1640; insoweit übereinstimmend auch *Hillgruber* AcP 191 (1991) 75 f.

[146] BVerfGE 89, 214, 232 ff.

[147] Nicht überzeugend ist die Konzeption des Bundesverfassungsgerichts freilich insofern, als es in diesem Zusammenhang dem Kriterium eines „strukturellen Ungleichgewichts" zwischen den Vertragsparteien eine zentrale Rolle zuerkennt. Insoweit ist die Position von *Zöllner*, der statt dessen – bewährter privatrechtlicher Tradition folgend – primär auf die Beeinträchtigung der faktischen Entscheidungsfreiheit abstellt, durchaus vorzugswürdig, vgl. AcP 196 (1996) 1 ff. und Die Privatrechtsgesellschaft im Gesetzes- und Richterstaat, 1996, S. 42 ff. Bezeichnenderweise hat denn auch das Kriterium des „strukturellen Ungleichgewichts" für die seitherige Behandlung der Bürgschaftsfälle durch den BGH keine nennenswerte Rolle gespielt, vgl. z.B. BGHZ 125, 206, 210 f.; 128, 230, 232 f.; BGH NJW 1996, 1274, 1277 (gebilligt durch BVerfG NJW 1996, 2021).

bb) Eine ganz andere Frage ist, ob diese Schutzaufgaben sich nicht auch ohne Rückgriff auf die Verfassung allein mit den Mitteln des Privatrechts lösen lassen, zumal sie ja wie gesagt seit langem zu dessen elementarem Problembestand gehören. Das dürfte zwar in der Tat so gut wie immer zu bejahen sein – wie etwa hinsichtlich der Bürgschaftsfälle oft genug betont worden ist –, ändert jedoch nichts daran, daß die Problematik auch eine verfassungsrechtliche Dimension aufweist. Sofern nämlich einer Partei durch das Privatrecht bzw. durch dessen Anwendung seitens der Gerichte jenes Minimum an Schutz vorenthalten wird, welches von Verfassungs wegen geboten ist, liegt auch hier eine Verletzung des Untermaßverbots vor. Dieses auf das Deliktsrecht zu beschränken[148], entbehrt einer zureichenden inneren Rechtfertigung, da das bloße Einverständnis einer Partei mit dem Abschluß des Vertrags wie dargelegt nicht jeden Grundrechtsschutz für sie entbehrlich macht. Insbesondere erscheint es als ungereimt, bei Defiziten des Vertragsrechts den Parteien von vornherein die Möglichkeit der Verfassungsbeschwerde vorzuenthalten, wie das die Konsequenz einer generellen Unanwendbarkeit des Untermaßverbots wäre[149], während diese ihnen bei Defiziten des Deliktsrechts ohne weiteres offensteht.

Freilich sollte die Verfassungsbeschwerde folgerichtig nur erfolgreich sein, wenn wirklich das *verfassungs*rechtlich gebotene Schutzminimum unterschritten oder offenkundig nicht in Betracht gezogen worden ist. Das ist nicht schon deshalb der Fall, weil das Zivilgericht zu Unrecht von der Anwendung des § 138 BGB (oder von einer Analogie zu § 888 Abs. 2 ZPO oder dgl.) abgesehen hat; denn dem einfachen Recht steht hier wie ausgeführt[150] ein breiter Spielraum offen, und daher liegt nicht in jeder Ablehnung rechtlichen Schutzes, mag sie zivilrechtlich auch unzutreffend sein, ein Verstoß gegen das verfassungsrechtliche Untermaßverbot[151].

Allerdings können die Grundrechte auch dort, wo sie nicht in ihrer spezifisch verfassungsrechtlichen Dimension eingreifen und eine Verletzung von Über- oder Untermaßverbot nicht in Rede steht, für die Auslegung des Privatrechts und insbesondere für die Konkretisierung seiner Generalklauseln relevant sein. Denn dann können sie immer noch als allgemeine Rechtsprinzipien im Rang *unterhalb* der Verfassung wirken – so wie andere allgemeine Rechtsprinzipien auch (und

---

[148] So *Isensee* aaO. § 111 Rdn. 129, der bei Defiziten des Vertragsrechts offenbar nur das Sozialstaatsprinzip heranziehen will, aaO. Rdn. 131 a.E.

[149] Zutreffend *Oldiges* aaO. S. 305.

[150] Vgl. oben c.

[151] Vgl. auch unten IV 4 a zu BVerfGE 96, 56.

mit der Konsequenz, daß ihre Mißachtung dann keinesfalls mit der Verfassungsbeschwerde erfolgreich angegriffen werden kann)[152].

V. Einige praktische Konsequenzen

Eine wesentliche Aufgabe juristischer Theorien besteht darin, die Lösung praktischer Probleme zu erleichtern[153]. Demgemäß möchte ich im nächsten Teil meines Vortrags an Hand einiger Beispiele zu demonstrieren suchen, daß und wie sich meine theoretischen Überlegungen in dieser Hinsicht auswirken können.

1. Privatrechtliche Normen und grundrechtliche Eingriffs-verbote: zur Frage einer schadensersatzrechtlichen Reduktionsklausel

Als erstes greife ich noch einmal die These auf, daß die Grundrechte und das Übermaßverbot für die Normen des Privatrechts unmittelbar gelten. Daraus habe ich seinerzeit die Konsequenz gezogen, daß eine Schadensersatzpflicht unter bestimmten Voraussetzungen verfassungswidrig sein kann, wenn sie den Schädiger in den wirtschaftlichen Ruin treibt[154].

Darauf hat *Diederichsen* erwidert, auf die Frage, was man insoweit aus der Verfassung ableiten könne, sei ohne weiteres „Gar nichts!" zu antworten, wenn „man bei der Konzeption der Grundrechte als Abwehrrechte gegen den Staat stehengeblieben wäre"[155]. Das ist indessen ein Mißverständnis. Ich bin nämlich ausdrücklich davon ausgegangen, daß die Auferlegung einer Schadensersatzpflicht einen *Eingriff* in Grundrechte des Schädigers – zumindest in seine Rechte aus Art. 2 Abs. 1 GG – darstellt und daß demgemäß hier das *Übermaß*verbot heranzuziehen ist[156], und tue damit genau das, was *Diederichsen* leugnet: ich wende die Grundrechte in ihrer klassischen Funktion als *Abwehr-rechte gegen den Staat* an. Der Unterschied gegenüber seiner Position liegt daher in Wahrheit gar nicht in diesem Punkt, sondern vielmehr in der Antwort auf die – logisch vorrangige – Frage, ob Gesetzgebung im Sinne von Art. 1 Abs. 3 GG auch die Setzung privatrechtlicher Normen einschließt oder nicht. Wenn man das verneint wie *Diederichsen*

---

[152] Vgl. näher *Canaris* JuS 1989, 164 vor III.
[153] Vgl. dazu eingehend *Canaris* JZ 1993, 377 ff.
[154] *Canaris* JZ 1987, 1001 f.; im Ansatz zustimmend *Bydlinski* System und Prinzipien des Privatrechts, 1996, S. 226 mit Fn. 236.
[155] *Diederichsen* AcP 198 (1998) 257.
[156] Vgl. JZ 1987, 1001 Sp. 2 sowie auch S. 995 f.

und insoweit nur von einer „mittelbaren" Grundrechtswirkung ausgeht[157], ist natürlich der Rückgriff auf die Funktion der Grundrechte
als Eingriffsverbote und Abwehrrechte von vornherein versperrt.
Wenn man es dagegen mit der ganz h.L.[158] bejaht, steht dieser Weg
grundsätzlich offen. Denn schadensersatzrechtliche Normen wie z.B.
§ 833 S. 2 BGB, § 22 WHG, aber auch § 823 BGB stellen Eingriffe (zumindest) in die durch Art. 2 Abs. 1 GG geschützte Handlungsfreiheit
dar – ob schon als solche oder erst im Stadium ihrer Aktualisierung[159],
kann hier offen bleiben –, und gleiches gilt auch und erst recht für die
daraus entspringenden Zahlungspflichten des Schädigers[160] in Verbindung mit der starren Anordnung von Totalersatz durch § 249 BGB.

Den nächsten Schritt bildet folgerichtig die Anwendung des Übermaßverbots und damit vor allem eine Verhältnismäßigkeitsprüfung.
Insoweit habe ich nun den ruinösen Wirkungen für den Schädiger vor
allem das Bedürfnis des Geschädigten nach Ausgleich für den erlitte-
nen Schaden (sowie den Präventionsgedanken) gegenübergestellt und
bin so zu einer Lösung gelangt, welche danach differenziert, ob dem
Geschädigten eine Einschränkung der Ausgleichszahlung wirtschaft-
lich zumutbar ist oder nicht. Nur für den ersteren Fall – also sozusagen
den des „reichen" Geschädigten – habe ich eine Reduktion der Schadensersatzpflicht überhaupt in Betracht gezogen[161], weil nur unter dieser Voraussetzung die verfassungsrechtliche Verhältnismäßigkeitsabwägung zugunsten des Schädigers ausfallen kann. Das Übermaßverbot
gibt insoweit somit die wesentlichen Parameter weitgehend vor, und
daher darf man diese Differenzierung und die damit verbundene Begrenzung nicht einfach außer Betracht lassen[162], wenn man sich mit
diesem Lösungsvorschlag kritisch auseinandersetzt.

Die Problematik veranschaulicht geradezu drastisch, welch weitrei-
chende praktische Folgen die unmittelbare Grundrechtsbindung des
Privatrechtsgesetzgebers auch in Kernbereichen des Bürgerlichen
Rechts haben kann. Ob diese hier schon vom Richter im Rahmen von
§ 242 BGB verwirklicht werden können oder ob es dazu eines Auftrags
an den Gesetzgeber (mit zwischenzeitlicher Aussetzung des Rechts-

---

[157] Vgl. dazu oben II 1 a und 2 a.
[158] Vgl. die Nachweise oben Fn. 39.
[159] Zur Problematik der „Aktualisierungsschwelle" vgl. nur *Lübbe-Wolff*
Die Grundrechte als Eingriffsabwehrrechte, 1988, S. 163 f. i.V. mit S. 50 ff.
[160] Vgl. dazu näher *Canaris* JZ 1987, 995 f.
[161] Vgl. JZ 1987, 1002 Sp. 1.
[162] Das tun jedoch *von Bar* Gemeineuropäisches Deliktsrecht Bd. I, 1996,
Rdn. 596 und *Diederichsen* AcP 198 (1998) 256 f; zutreffend demgegenüber die
Darstellung von *Medicus* AcP 192 (1992) 65 f.

streits) bedarf[163], stellt ein Zusatzproblem dar, welches hier nicht vertieft werden soll. Immerhin sei angemerkt, daß mein Vorschlag nur einen *Teil*bereich der Thematik einer schadensersatzrechtlichen Reduktionsklausel betrifft – nämlich die Konstellation der ruinösen Ersatzpflicht gegenüber einem „reichen" Geschädigten; die Problematik *in ihrer Gesamtheit* zu bewältigen, bleibt selbstverständlich dem Gesetzgeber vorbehalten, doch schließt das nicht aus, daß man für die hier erörterte Fallgestaltung schon de lege lata eine Lösung finden kann.

2. Gerichtsentscheidungen und grundrechtliche Eingriffsverbote: der Einfluß des Lüth-Urteils auf die Photokina-Entscheidung des BGH

Die diffuse Lehre von der „Ausstrahlungswirkung" der Grundrechte verführt in besonderem Maße dazu, Zuflucht bei einer sehr stark einzelfallbezogenen Abwägungslösung zu suchen. In der Tat hat das Bundesverfassungsgericht im Lüth-Urteil eine Reihe von spezifischen Umständen des konkreten Falles berücksichtigt, deren Relevanz überaus fragwürdig ist. Demgemäß hat es auch Kriterien entwickelt, die bei näherer Analyse der Kritik nicht standhalten. Dazu gehört vor allem das Erfordernis, daß es sich um „einen Beitrag zum geistigen Meinungskampf in einer die Öffentlichkeit wesentlich berührenden Frage durch einen dazu Legitimierten" handeln müsse[164]. Ersetzt man die Lehre von der „Ausstrahlungswirkung" entsprechend meinem Vorschlag durch den Rückgriff auf die Eingriffsverbotsfunktion von Art. 5 Abs. 1 GG[165], so wird sogleich deutlich, daß es sich dabei um Merkmale handelt, die zwar für den Fall Lüth charakteristisch waren, jedoch nicht in dem Sinne verallgemeinerungsfähig sind, daß von ihrer Erfüllung *generell* die Zulässigkeit kritischer Meinungsäußerungen von Privatrechtssubjekten übereinander abhängt.

Das gilt mit Sicherheit für das Erfordernis einer besonderen „Legitimation" dessen, der die Meinungsäußerung abgibt. Dieses Merkmal mag zwar in der Person von Lüth aufgrund besonderer Umstände des Falles erfüllt gewesen sein, doch weist die Meinungsfreiheit ihrer „Natur" nach einen ausgesprochen egalitaristischen Grundzug auf, mit dem es grundsätzlich unvereinbar ist, bestimmte Personen wegen einer besonderen „Legitimation" zu privilegieren und andere demgemäß

---

[163] Im ersteren Sinne *Canaris* JZ 1987, 1002, im letzteren *Medicus* aaO. S. 66 f. und *von Bar* aaO. Rdn. 596.

[164] BVerfGE 7, 198, 212.

[165] Vgl. oben III 2 b.

mangels einer solchen insoweit zu diskriminieren; die Meinungsfreiheit von „Lieschen Müller" hat keinen niedrigeren Rang als die von Herrn Lüth, weil es nun einmal ein Spezifikum von „Meinung" darstellt, daß jeder sie gleichermaßen haben kann, und weil die Rechtsordnung es daher der freien Konkurrenz des Streits der Meinungen überlassen muß, welche sich durchsetzt. Nicht tragfähig ist desweiteren auch das Erfordernis einer „die Öffentlichkeit wesentlich berührenden Frage"[166]. Das gilt jedenfalls im vorliegenden Zusammenhang, wo der Meinungsfreiheit auf der anderen Seite – nämlich auf derjenigen der Kinoinhaber[167] – lediglich bloße Vermögensinteressen gegenüberstanden[168]. Denn angesichts des außerordentlich hohen Ranges, welcher der Meinungsfreiheit nach der zutreffenden Ansicht des Bundesverfassungsgerichts – die dieses gerade im Lüth-Urteil geäußert hat! – in der Demokratie und, wie nachdrücklich hinzuzufügen ist, desgleichen in einer freiheitlichen Privatrechts- und Wirtschaftsordnung zukommt, läßt sich eine so restriktive Handhabung dieses Grundrechts bei seinem Verständnis als Eingriffsverbot im vorliegenden Zusammenhang, d.h. bei der Kollision mit bloßen Vermögensinteressen, schlechterdings nicht legitimieren[169].

Wohin eine wortgetreue Übernahme der Grundsätze des Lüth-Urteils in dieser Hinsicht führen kann, zeigt plastisch die Photokina-Entscheidung des BGH[170]. Hier hatte ein Unternehmen, das wegen Differenzen über seinen Standplatz nicht zu einer Messe zugelassen worden war, ein Zeitungsinserat mit dem Text verbreitet: „Suchen Sie uns nicht auf der Photokina! Wir verlassen diese aus Protest, weil die Kölner Messegesellschaft unseren festen Stand (1960–1976) anderweitig vergeben hat". Der BGH verurteilte das Unternehmen zur Unterlassung

---

[166] Vgl. die überzeugende Kritik von *Lerche* Festschr. für G. Müller, 1970, S. 213; *Schmitt Glaeser* AöR 97 (1972) 290 ff, JZ 1983, 98 und AöR 113 (1988) 54 f.; *Stern* Festschr. für Hübner, 1984, S. 818.

[167] Der Regisseur Veit Harlan hatte nicht geklagt; außerdem ist es geradezu selbstverständlich, daß sich Kunst im freien Meinungskampf aus eigener Kraft behaupten muß und also hier schon tatbestandlich gar nicht berührt ist, vgl. oben IV 3 b bei Fn. 111 und unten VI 2 a.

[168] Ob der Öffentlichkeitsbezug eine berechtigte Funktion erfüllt, wenn die Meinungsfreiheit mit dem Ehren- und Persönlichkeitsschutz kollidiert (vgl. dazu z.B. *Herzog* in *Maunz/Dürig/Herzog/Scholz*, 1997, Art. 5 Abs. 1 und 2 Rdn. 10a unter cc mit Nachw. aus der Rspr. des Bundesverfassungsgerichts), kann im vorliegenden Zusammenhang offen bleiben.

[169] Vgl. näher *Canaris* JuS 1969, 167 f. sowie im übrigen die Nachw. oben Fn. 166.

[170] Vgl. BGH NJW 1983, 2195, 2196 und dazu näher *Larenz/Canaris* Schuldrecht II/2, 13. Aufl. 1994, § 81 III 2 a = S. 549.

wegen eines rechtswidrigen Eingriffs in den Gewerbebetrieb der Messegesellschaft und lehnte die Heranziehung von Art. 5 Abs. 1 GG zugunsten des Unternehmens ab, weil es sich nicht um eine „die Öffentlichkeit wesentlich berührende Frage" handele. Letzteres traf zwar natürlich zu, doch erkennt man daran zugleich, wie sachwidrig dieses Kriterium ist. Denn es gibt keinen nachvollziehbaren Grund dafür, dem betroffenen Unternehmen zu verbieten, seinen Streit mit der Messegesellschaft publik zu machen und seine Kunden über die Gründe für sein Fernbleiben von der Messe zu informieren. M.E. ist die Entscheidung des BGH daher evident unrichtig, weil sie einen unverhältnismäßigen Eingriff in die Meinungsfreiheit des betroffenen Unternehmens beinhaltet.

3. Schutzgebotsfunktion und Untermaßverbot am Beispiel von Art. 5 Abs. 1 GG

a) Das Fehlen eines Schutzgebots: die Wahlplakat-Entscheidung des Bundesverfassungsgerichts

Am selben Tage wie das Lüth-Urteil und unter ausdrücklichem Bezug auf dieses hat das Bundesverfassungsgericht noch ein weiteres Urteil erlassen. In diesem ging es um die Verfassungsbeschwerde eines Mieters gegen eine zivilgerichtliche Entscheidung, durch welche ihm auf Klage des Vermieters nach § 1004 BGB untersagt wurde, an der Außenwand des Hauses ein Plakat mit Wahlpropaganda anzubringen. Das Bundesverfassungsgericht hat die Beschwerde als unbegründet zurückgewiesen[171].

Zwar ist das Ergebnis zutreffend, doch kann die Begründung nicht überzeugen. Auch hier hat nämlich die Lehre von der „Ausstrahlungswirkung" der Grundrechte dazu geführt, daß das Bundesverfassungsgericht eine umfassende Interessenabwägung vorgenommen und dabei Umstände berücksichtigt hat, auf die es in Wahrheit nicht ankommen kann[172]. Das gilt vor allem für die Gesichtspunkte, daß der Vermieter nur zur Erhaltung des Friedens innerhalb der Hausgemeinschaft gehandelt habe und daß dem Mieter andere Möglichkeiten der Wahlpropaganda zur Verfügung gestanden hätten, weil er für eine große Partei kandidierte und deren Apparat nutzen konnte.

---

[171] BVerfGE 7, 230.
[172] Zutreffend insoweit die Kritik von *Diederichsen* AcP 198 (1998) 180 ff., 232.

Aus heutiger Sicht geht es hier – anders als im Lüth-Urteil selbst und im soeben erörterten Photokina-Urteil – um die Verwirklichung der Schutzgebotsfunktion von Art. 5 Abs. 1 GG und die Problematik des Untermaßverbots; denn eine Verletzung von Grundrechten des Mieters konnte allenfalls darin liegen, daß ihm das Zivilgericht ein Gegenrecht gegen den Anspruch des Vermieters aus § 1004 BGB abgesprochen und ihm also insoweit den Schutz verweigert hatte. Ist es nun *von Verfassungs wegen* geboten, dem Mieter die Möglichkeit zur Reklame an der Außenwand des Mietshauses zu geben? Die Frage stellen heißt sie verneinen. Hier ist nämlich *von vornherein* schlechterdings kein Kriterium ersichtlich, das eine solche Schutzpflicht des Staates *begründen* könnte, die ja wie dargelegt nicht *per se* besteht, sondern einer besonderen Legitimation bedarf, und daher scheitert der Mieter hier schon an der *ersten Argumentationshürde*, die es für eine Anwendung der Schutzgebotsfunktion und des Untermaßverbots zu überwinden gilt[173].

Der Fall veranschaulicht somit sehr schön, daß man nicht einfach unvermittelt beginnen darf, „drauf los" abzuwägen, sondern erst einmal die Frage beantworten muß, warum denn überhaupt ein Schutzgebot in Betracht kommt. Demgemäß wäre der Fall entgegen der Ansicht des Bundesverfassungsgerichts nicht anders zu entscheiden gewesen, wenn der Vermieter aus anderen Motiven gehandelt hätte – z.B. einfach deshalb, weil er kraft seiner Privatautonomie keine Wahlreklame an seinem Haus haben wollte – oder wenn der Mieter einer kleinen oder gar keiner Partei angehört hätte. Schließlich gibt es ja noch zahlreiche andere Möglichkeiten als die Anbringung von Wahlplakaten an Hauswänden, um für eine politische Partei oder für sich selbst Propaganda zu machen! Bis zu einer einzelfallbezogenen Abwägung gelangt man hier somit von vornherein gar nicht.

b) Das Bestehen eines Schutzgebots: die Blinkfüer-Entscheidung des Bundesverfassungsgerichts

Mit diesem Fall kontrastiert in lehrreicher Weise die Blinkfüer-Entscheidung des Bundesverfassungsgerichts. Hier ging es darum, daß der Springer-Verlag (im August 1961 kurz nach dem Bau der Mauer in Berlin) Zeitungshändler zum Boykott der Zeitschrift „Blinkfüer" aufgerufen hatte, weil in dieser die Rundfunk- und Fernsehprogramme der Sender der DDR abgedruckt waren, und damit die Drohung verbunden hatte, die Geschäftsbeziehungen zu solchen Händlern abzubrechen, die sich dem Boykott nicht anschließen würden. Der BGH hat

---

[173] Vgl. oben IV 3 c.

die Schadensersatzklage des Blinkfüer-Herausgebers abgewiesen[174]. Auf dessen Beschwerde hat das Bundesverfassungsgericht dieses Urteil aufgehoben[175].

Aus heutiger Sicht handelt es sich hier um die erste Entscheidung, in welcher das Bundesverfassungsgericht der Sache nach die Schutzgebotsfunktion eines Grundrechts anerkannt und mit deren Hilfe ein Drittwirkungsproblem gelöst hat[176]. Weil diese Funktion damals indessen noch nicht (wieder)entdeckt war, ist der Gedankengang der Entscheidung verschlungen und z.T. inkonsistent. Der Bundesminister der Justiz hatte sich für eine Abweisung der Beschwerde ausgesprochen mit der Begründung, daß „das Grundrecht der freien Meinungsäußerung und der Pressefreiheit nicht durch die öffentliche Gewalt beeinträchtigt worden sei, weil der Bundesgerichtshof dem Beschwerdeführer keine Meinungsäußerung untersagt, sondern es lediglich abgelehnt habe, einen anderen zum Schadensersatz wegen einer Boykottandrohung zu verurteilen"[177]. Diese Argumentation ist in sich selbst zutreffend[178] und entspricht genau der oben IV 3 a und b zum Fall Böll/Walden und zur „Umkehrung" des Falles Lüth vertretenen Position. Das Bundesverfassungsgericht ist auf sie jedoch leider mit keinem Wort eingegangen. Statt dessen hat es zunächst ausführlich dargelegt, daß und warum der Springer-Verlag sich hier nicht auf Art. 5 Abs. 1 GG und die dazu im Lüth-Urteil entwickelten Grundsätze berufen kann. Diese Art der Gedankenführung befremdet; denn es ist unerfindlich, warum daraus, daß das Vorgehen von Springer nicht in den Anwendungsbereich von Art. 5 Abs. 1 GG fällt, die Verletzung eines Grundrechts des Blinkfüer-Herausgebers folgen soll. Insoweit tragend sind vielmehr erst die Ausführungen gegen Ende der Entscheidung, wo das Bundesverfassungsgericht auf die Pressefreiheit des letzteren zu sprechen kommt und sagt: „Zum Schutz (!) des Instituts der freien Presse muß aber die Unabhängigkeit von Presseorganen gegenüber Eingriffen

---

[174] BGH NJW 1964, 29.

[175] BVerfGE 25, 256.

[176] Vgl. *Canaris* AcP 184 (1984) 229 f.; zustimmend *Oeter* AöR 119 (1994) 536; *Oldiges* Festschr. für Friauf, 1996, S. 303; insoweit übereinstimmend auch *Alexy* Theorie der Grundrechte, 1985, S. 487 f.

[177] BVerfGE 25, 262.

[178] A.A., nach seiner Grundkonzeption folgerichtig, *Schwabe* AöR 100 (1975) 459, ähnlich S. 453, 467 und *ders.* Probleme der Grundrechtsdogmatik, 1977, S. 177; gegen ihn eingehend *Canaris* aaO. S. 250 f. und *Alexy* aaO. S. 487 f.; ihm insoweit folgend dagegen *Lübbe-Wolff* Die Grundrechte als Eingriffsabwehrrechte, 1988, S. 175. Hier geht es wieder um die oben IV 3 b eingehend behandelte Problematik der „etatistischen Konvergenztheorie".

wirtschaftlicher Machtgruppen mit unangemessenen Mitteln auf Gestaltung und Verbreitung von Presseerzeugnissen gesichert werden
(…). Das Ziel der Pressefreiheit, die Bildung einer freien öffentlichen
Meinung zu erleichtern und zu gewährleisten, erfordert deshalb den
Schutz (!) der Presse gegenüber Versuchen, den Wettbewerb der Meinungen durch wirtschaftliche Druckmittel auszuschalten"[179]. Hier
klingt in der Tat unüberhörbar die Schutzgebotsfunktion von Art. 5
Abs. 1 GG an, und hier wird der Sache nach zugleich auch schon deren
subjektiv-rechtliche Seite anerkannt – wenngleich nur inzident und
ganz unreflektiert[180] –, da ohne diese die Zulässigkeit der Verfassungsbeschwerde des Blinkfüer-Herausgebers nicht zu denken ist. Gleich
anschließend weicht das Bundesverfassungsgericht jedoch wieder von
seinem richtigen Ansatz ab, indem es fortfährt: „Der Boykott der Wo-
chenzeitung ‚Blinkfüer' verstieß gegen diese verfassungskräftig gewährleistete Freiheit". Diese Sichtweise ist dogmatisch unzutreffend,
weil der Boykott als solcher nur dann gegen eine „*verfassung*skräftig
gewährleistete Freiheit" verstoßen könnte, wenn der Boykotteur überhaupt Normadressat der Verfassung wäre, was er jedoch entgegen der
Lehre von der unmittelbaren Drittwirkung gerade nicht ist[181]. Gegen
die Pressefreiheit des Blinkfüer-Herausgebers verstieß vielmehr der
BGH bzw. die seiner Entscheidung zugrunde liegende „Fallnorm"[182],
wonach einem Presseunternehmen kein Schutz gegen einen mit wirtschaftlichem Druck verbundenen Boykottaufruf gewährt wurde.

Trotz dieser Ungereimtheiten verdient die Entscheidung des Bundesverfassungsgerichts jedoch nachdrückliche Zustimmung. Denn in
dogmatischer Hinsicht läßt sie sich, wie schon betont, mit Hilfe der
Schutzgebotsfunktion von Art. 5 Abs. 1 GG auf ein tragfähiges Funda-
ment stellen. Im Ergebnis und in der Begründung zutreffend ist auch,
daß das Bundesverfassungsgericht hier der Sache nach das Bestehen einer Schutzpflicht bejaht hat. In der Tat wäre es nämlich mit Sinn und
Funktion der Pressefreiheit unvereinbar, wenn die Auseinandersetzung
der Meinungen nicht nur mit den für sie spezifischen Mitteln – also mit

---

[179] BVerfGE 25, 268.

[180] Unmißverständlich, wenngleich immer noch nur inzident hat das Bundesverfassungsgericht diesen Schritt erst im Fall Schleyer getan, vgl. BVerfGE
46, 160, 163, ausdrücklich wohl erst in BVerfGE 77, 140, 214.

[181] Vgl. oben IV 1 a. Anders die Sichtweise von *Alexy* aaO. S. 493, der die
Terminologie insoweit offenhalten will, was indessen wegen der damit verbundenen hochgradigen Gefahr von Mißverständnissen – insbesondere auch hinsichtlich der Abgrenzung gegenüber der (von *Alexy* selbst abgelehnten) „etatistischen Konvergenztheorie" – nicht zweckmäßig ist.

[182] Vgl. zu dieser Sichtweise oben III 1 c.

Worten und anderen vergleichbaren Bekundungen – geführt, sondern durch den mit ihrem Wesen unvereinbaren, weil „ungeistigen" Einsatz von wirtschaftlichem Druck verfremdet werden dürfte. Dabei geht es, wie auch in der Entscheidung des Bundesverfassungsgerichts deutlich anklingt, nicht nur um Individual-, sondern auch und wohl sogar primär um Institutionenschutz, d.h. um die Funktionsfähigkeit des Pressewesens und des Meinungskampfes als solchen.

Damit steht das Ergebnis im wesentlichen fest. Einer einzelfallbezogenen Abwägung bedarf es hier somit grundsätzlich nicht – wobei es insoweit genau umgekehrt liegt wie im Wahlplakat-Fall: Während man dort gar nicht bis zu einer Abwägung kommt, weil das Bestehen einer Schutzpflicht schon *a limine* zu verneinen ist, bleibt hier für eine solche kein Raum mehr, weil die Schutzpflicht *generell* zu bejahen ist. Denn die Ausübung von wirtschaftlichem Druck ist im Meinungskampf *per se* ein unzulässiges Mittel, und daher stand Springer kein schutzwürdiges Gegeninteresse zur Seite; unter diesem – aber auch nur unter diesem – Aspekt wird somit relevant, daß das Vorgehen von Springer schon tatbestandlich nicht durch das Grundrecht des Art. 5 Abs. 1 GG gedeckt war. Darauf, daß Springer überdies eine marktbeherrschende Stellung innehatte, kam es dagegen folgerichtig nicht entscheidend an, sondern allenfalls insoweit, als deshalb wirklich „Druck" und nicht nur eine leere und also harmlose Drohgebärde vorlag.

Privatrechtlich ist das Schutzgebot unschwer umzusetzen – sei es mit Hilfe des Rechts am Gewerbebetrieb im Rahmen von § 823 Abs. 1 BGB oder sei es durch die Anwendung von § 826 BGB[183]. Sieht man keinen dieser beiden Wege als gangbar an, wäre nicht anders zu entscheiden, sondern die Presse- und Meinungsfreiheit von Verfassungs wegen in § 823 Abs. 1 BGB zu integrieren – ähnlich wie das hinsichtlich des allgemeinen Persönlichkeitsrechts geschehen ist. Für einen eigenständigen Beitrag des Privatrechts zur Lösung der Problematik ist hier – im Gegensatz zu vielen anderen Konstellationen – kein Ansatz ersichtlich, so daß der bei der Verwirklichung der Schutzgebotsfunktion grundsätzlich bestehende Spielraum hier wohl „auf Null geschrumpft" ist; ausschlaggebend ist auch insoweit wieder, daß hier ein Gegenrecht des Boykottaufrufers wegen der Unzulässigkeit des von diesem eingesetzten Mittels von vornherein nicht in Betracht kommt.

---

[183] Vgl. dazu näher *Larenz/Canaris* Schuldrecht II/2, 13. Aufl. 1994, § 81 III 3 b.

c) Schutzgebotsfunktion und einzelfallbezogene Abwägung in zweistufiger Argumentation: die Parabolantennen-Entscheidung des Bundesverfassungsgerichts

In den beiden bisher erörterten Fällen steht das Ergebnis bereits mit der Beantwortung der Frage nach dem Bestehen eine Schutzgebots fest: In der Wahlplakat-Entscheidung ist diese von vornherein generell zu verneinen, in der Blinkfüer-Entscheidung dagegen ebenso generell zu bejahen, so daß bzw. weil für eine einzelfallbezogene Abwägung mit gegenläufigen Rechten oder Interessen der anderen Partei kein Raum bleibt. Selbstverständlich ist das nicht immer so. Häufig ist vielmehr statt dieser einstufigen Argumentation eine zweistufige erforderlich. Repräsentativ hierfür ist etwa die Rechtsprechung zu der Frage, ob der Mieter einer Wohnung vom Vermieter verlangen kann, daß dieser auf dem Mietshaus die Anbringung einer Parabolantenne zum Empfang von Rundfunk- und Fernsehprogrammen dulden muß. Das ist nach Ansicht des Bundesverfassungsgerichts grundsätzlich zu bejahen, wenn kein Kabelanschluß besteht oder der Mieter – als Ausländer – mit dessen Hilfe seine heimatlichen Sender nicht oder nur in ganz geringfügiger Zahl empfangen kann[184].

Dem ist im Ergebnis zuzustimmen. Der Rundfunk- und Fernsehempfang ist nämlich der normale, ja fast der einzige praktikable Weg, um insoweit das Grundrecht der Informationsfreiheit nach Art. 5 Abs. 1 S. 1 Halbs. 2 GG wahrzunehmen. Der Mieter ist hier also – ganz anders als im Wahlplakatfall – i.d.R. auf die Duldung des Vermieters geradezu angewiesen, um dieses Grundrecht überhaupt ausüben zu können. In der „Angewiesenheit" aber liegt ein besonders starkes pflichtenbegründendes Kriterium[185]. Hinzukommt, daß die Wohnraumwirtschaft in Deutschland derzeit nun einmal privatrechtlich organisiert ist[186] und man von seinem Grundrecht, sich mit Hilfe von Rundfunk und Fernsehen zu informieren, daher im wesentlichen nur im Rahmen des Privatrechts Gebrauch machen kann; ein „Preis" für diese privatrechtliche Verfaßtheit der Wirtschaftsordnung liegt in einer gewissen Sozialpflichtigkeit der Privatautonomie[187], die daher jedenfalls dann grundsätzlich zurückzutreten hat, wenn ohne ihre Einschränkung die

---

[184] Grundlegend BVerfGE 90, 27, 33 ff.
[185] Grundlegend dazu, wenngleich in ganz anderem Zusammenhang, *Traeger* Marburger Festgabe für Enneccerus, 1913, S. 107 ff.
[186] Zur Vermeidung von Mißverständnissen füge ich hinzu: glücklicherweise!
[187] Vgl. zu dieser Argumentation, in verwandtem Zusammenhang, auch *Canaris* Die Bedeutung der iustitia distributiva im deutschen Vertragsrecht, 1997, S. 119 f., 127.

Ausübung eines Grundrechts faktisch auf das schwerste beeinträchtigt wäre – und zwar nicht nur punktuell in mehr oder weniger zufälligen Einzelfällen, sondern strukturell in weiten Bereichen aufgrund der *typischen* Gegebenheiten dieser Problemkonstellation. Daher ist hier ein verfassungsrechtliches Schutzgebot grundsätzlich zu bejahen[188].

Auf der nächsten Argumentationsstufe – aber in der Tat erst auf dieser – setzt dann die Einzelabwägung ein. Hier kommt es z.B. darauf an, ob die Anbringung der Antenne ausnahmsweise wegen einer besonderen Gestaltung des Gebäudes dem Eigentümer nicht zuzumuten ist oder ob der Mieter ausnahmsweise doch auch ohne die Antenne über hinreichende Informationsmöglichkeiten verfügt[189]. Freilich können diese beiden Stufen nahezu nahtlos ineinander übergehen; auch ist nicht immer leicht zu sagen, auf welcher von ihnen ein bestimmtes Kriterium anzusiedeln ist. Gleichwohl sollte man sie gedanklich und dogmatisch von einander unterscheiden. Denn es ist eine andere Frage, ob bei einer bestimmten Problematik *prinzipiell* ein verfassungsrechtliches Schutzgebot besteht, oder ob *im Einzelfall* dessen Voraussetzungen gegeben sind und etwaige Gegeninteressen der anderen Partei zurückzutreten haben – eine Zweiteilung, die sich auch sonst bei der Konkretisierung von Pflichten regelmäßig findet. Praktische Bedeutung kann diese Unterscheidung vor allem deshalb erlangen, weil die Beantwortung der ersten Frage mit Sicherheit voll in die Überprüfungskompetenz des Bundesverfassungsgerichts fällt, während die einzelfallbezogene Abwägung weitgehend unterhalb der verfassungsrechtlichen Ebe-

---

[188] Die Problematik läßt sich nicht etwa bereits mit Hilfe der Eingriffsverbotsfunktion lösen, indem man die Durchsetzung des Unterlassungsanspruchs des Eigentümers aus § 1004 BGB als Eingriff in das Grundrecht der Informationsfreiheit qualifiziert. Dieses gewährt nämlich schon *tatbestandlich* nicht die Befugnis, sich fremdes Eigentum zunutze zu machen – so wenig wie z.B. die Kunstfreiheit die Befugnis einschließt, fremde Leinwände zu bemalen oder fremde Hausmauern zu besprayen, vgl. (zum „Sprayer von Zürich") EKMR EuRGZ 1984, 259; BVerfG NJW 1984, 1293; eingehend dazu *Canaris* öJBl 1991, 215. Daher greift die Anwendung von § 1004 BGB nicht in das *Recht* auf Informationsfreiheit ein. Wohl aber ist hier das entsprechende *Gut* tatbestandlich „berührt", so daß nicht etwa auch die Bejahung eines Schutzgebots am Fehlen der tatbestandlichen Einschlägigkeit von Art. 5 Abs. 1 Halbs. 2 GG scheitert. Hier wird deutlich, daß es bei der Eingriffsverbotsfunktion um die *rechtliche* Dimension, bei der Schutzgebotsfunktion dagegen primär um die *tatsächlichen* Grundlagen des grundrechtlich gewährleisteten Gutes geht, vgl. dazu allgemein unten VI 2 b.

[189] Eine Übersicht über die relevanten Abwägungsgesichtspunkte findet sich bei *Mehrings* NJW 1997, 2275.

ne zu erfolgen hat und daher insoweit allein den Fachgerichten zu-kommt[190].

Dogmatisch interessant ist im übrigen, daß die Zivilgerichte und ih-nen folgend das Bundesverfassungsgericht die Einrichtung der Anten-ne als „vertragsgemäßen Gebrauch" i.S. von § 536 BGB konstruieren und so den Beseitigungsanspruch des Eigentümers aus § 1004 BGB einschränken. Das erscheint schon deshalb als problematisch, weil bei dieser Sichtweise die Kosten für die Installierung und Unterhaltung der Antenne eigentlich dem Vermieter zur Last fallen müßten, obwohl Einigkeit darüber besteht, daß sie der Mieter zu tragen hat. Außerdem bestimmt sich nun einmal nach dem Vertrag, was vertragsgemäßer Ge-brauch ist[191]. Ist also das Recht auf die Anbringung der Antenne ab-dingbar – zumindest durch Individualvereinbarung? Ich kann diese Frage, die ein Sonder- und Zusatzproblem darstellt, hier nicht vertie-fen, weil sie aus dem Gesamtduktus meines Gedankengangs heraus-ragt, möchte aber wenigstens andeuten, daß der Rückgriff auf § 536 BGB vielleicht doch nicht der adäquate Weg ist, sondern hier vielmehr einer jener – zugegebenermaßen seltenen, aber immerhin denkbaren – Fälle vorliegen könnte, in denen die privatrechtliche Umsetzung ver-fassungsrechtlicher Gebote nicht im Rahmen der vorhandenen Gene-ralklauseln und unbestimmten Tatbestandsmerkmale, sondern nur durch die rechtsfortbildende Entwicklung einer ungeschriebenen pri-vatrechtlichen Norm – hier des Mietrechts – möglich ist[192].

4. Kollidierende Grundrechte und die Weite des Spielraums bei der Konkretisierung von Schutzgeboten am Beispiel des Grundrechts auf Kenntnis der eigenen Abstammung

a) Zum Verhältnis von Verfassung und einfachem Recht: der Anspruch eines nichtehelichen Kindes gegen seine Mutter auf Auskunft über die Person seines biologischen Vaters

Bisher habe ich die Bedeutung der Eingriffsverbotsfunktion sowie das Fehlen und das Bestehen grundrechtlicher Schutzgebote durch

---

[190] Vgl. dazu auch alsbald unten 4 a.

[191] Insoweit trifft die Kritik von *Diederichsen* AcP 198 (1998) 182 in der Tat einen Schwachpunkt, doch ist daraus entgegen *Diederichsen* nicht die Konse-quenz zu ziehen, daß die Ansicht des Bundesverfassungsgerichts unzutreffend ist, sondern vielmehr, daß sie folgerichtig zu Ende gedacht werden muß.

[192] Diese Problematik wird von der Lehre von der „mittelbaren Drittwir-kung" zu Unrecht nahezu völlig vernachlässigt, vgl. dazu näher *Canaris* AcP 184 (1984) 222 f.

Beispiele illustriert. Was noch aussteht, ist eine Konstellation, an der sich die Weite des Spielraums veranschaulichen läßt, der dem einfachen Recht bei der Konkretisierung von Schutzgeboten offensteht. Hierzu hat sich das Bundesverfassungsgericht vor etwa einem Jahr in sehr pointierter Weise in einem Fall geäußert, der das Verhältnis von Grundrechten und Privatrecht betrifft und daher exakt in den vorliegenden Zusammenhang paßt.

Es ging dabei um die Klage eines nichtehelichen Kindes gegen seine Mutter auf Auskunft über die Person seines biologischen Vaters. Das Landgericht hatte dieser stattgegeben. Es hatte dabei jedoch (nach der Interpretation seines Urteils durch das Bundesverfassungsgericht) angenommen, daß die einschlägigen Grundrechte des Kindes – also vor allem dessen allgemeines Persönlichkeitsrecht aus Art. 2 Abs. 1 i.V. mit Art. 1 Abs. 1 GG und sein Eigentumsrecht aus Art. 14 GG – eine Abwägung mit den gegenläufigen Grundrechten der Mutter allenfalls in sehr geringem Umfang zuließen. Es war somit davon ausgegangen, daß seine Entscheidung nahezu zur Gänze *verfassungs*determiniert sei. Darin sah das Bundesverfassungsgericht eine Verkennung des Spielraums, der dem einfachen Recht bei der Konkretisierung der Schutzgebotsfunktion zukommt, und hob aus *diesem* Grunde – also nicht etwa, weil es das Ergebnis der Abwägung durch das Landgericht mißbilligte – das Urteil auf[193].

Den Ausführungen, die es in diesem Zusammenhang macht, ist uneingeschränkt zuzustimmen. Es betont nämlich nachdrücklich, daß „die primär aus den Grundrechten folgenden subjektiven Abwehrrechte gegen staatliche Eingriffe einerseits und die ... Schutzpflichten andererseits sich insofern grundlegend voneinander unterscheiden, als das Abwehrrecht in Zielsetzung und Inhalt ein bestimmtes staatliches Verhalten fordert, während die Schutzpflicht grundsätzlich unbestimmt ist. Wie die staatlichen Organe ihre Schutzpflicht erfüllen, ist von ihnen in eigener Verantwortung zu entscheiden". Demgemäß sei „die Aufstellung und normative Umsetzung des Schutzkonzepts Sache des (einfachen) Gesetzgebers" und gleiches gelte auch, „wenn die Zivilgerichte mangels einer Entscheidung des Gesetzgebers im Wege der

---

[193] BVerfGE 96, 56 = JZ 1997, 777 mit Anm. von *Starck*. Die entgegengesetzte Interpretation des Beschlusses durch *Starck*, wonach das Bundesverfassungsgericht „die volle Abwägungskontrolle im Einzelfall, ungeachtet zivilrechtlicher Strukturen, beansprucht" (S. 780) vermag ich nicht zu teilen. Das Gegenteil trifft zu: Das Bundesverfassungsgericht hat das Fachgericht gerade auf eine Abwägung *unterhalb* der verfassungsrechtlichen Ebene verwiesen und dessen Urteil nur deshalb aufgehoben, weil „nicht ausgeschlossen (!) werden kann, daß das Landgericht bei Ausschöpfung seines (!) Abwägungsspielraums zu einem anderen Ergebnis gekommen wäre" (S. 66).

64

Rechtsfortbildung oder der Auslegung unbestimmter Rechtsbegriffe die Schutzpflicht wahrnehmen. Nur ausnahmsweise lassen sich aus den Grundrechten konkrete Regelungspflichten ableiten"[194]. Dem habe ich nichts hinzuzufügen, da dies im wesentlichen der oben IV 3 c vertretenen Position entspricht.

Zu betonen bleibt lediglich, daß das Landgericht bei der erneuten Entscheidung wieder zu demselben Ergebnis gelangen darf[195], nur müssen die dafür maßgeblichen – möglicherweise sogar weitgehend inhaltsgleichen – Erwägungen dann auf der Ebene des bürgerlichen Rechts statt auf derjenigen des Verfassungsrechts liegen[196]. Aus den – vom Landgericht in den Mittelpunkt seiner Argumentation gerückten – Gesichtspunkten, daß die Eltern die Unkenntnis des Kindes von der Person seines Vaters „zu vertreten" oder wohl besser gesagt „veranlaßt" haben und daß dieses auf die Auskunft seiner Mutter „angewiesen" ist – insbesondere auch zur Durchsetzung seiner finanziellen Ansprüche gegen seinen Vater – folgt dabei allerdings lediglich, daß überhaupt eine grundrechtliche Schutzpflicht in Betracht kommt. Hieran schließt dann auf einer zweiten Argumentationsstufe die Einzelabwägung auf der Ebene des bürgerlichen Rechts an. Bei dieser könnte im vorliegenden Fall z.B. berücksichtigt werden, daß die Mutter während der Empfängniszeit mit mehreren Männern geschlechtlich verkehrt hatte und diese nunmehr in intakten Ehen lebten; dieses Interesse ihrer früheren Partner (!) darf die Mutter grundsätzlich mitwahrnehmen. Zu ihren Gunsten kann auch ins Gewicht fallen, daß die – für sie u.U. sehr peinliche – Tatsache des Mehrverkehrs nunmehr über den Kreis der an dem Prozeß mit ihrer Tochter Beteiligten hinaus, insbesondere ihren früheren Partnern, bekannt werden würde. Wenn das Landgericht diese Gesichtspunkte für irrelevant oder für nicht gewichtig genug hält und auch sonst keine triftigen Argumente zugunsten der Mutter findet, darf es seine bisherige Entscheidung im Ergebnis bestätigen. Doch will ich hier nicht darlegen, wie der Fall nach meiner Ansicht letztlich zu entscheiden ist, sondern lediglich herausarbeiten, daß und in welchem Umfang das Ergebnis von Erwägungen auf der Ebene des bürgerlichen Rechts und nicht von einer spezifisch verfassungsrechtlichen Grundrechtsabwägung abhängt.

---

[194] AaO. S. 64.
[195] Das ergibt sich klar aus der in Fn. 193 zitierten Formulierung des Bundesverfassungsgerichts.
[196] Unter dieser Voraussetzung bleibt daher auch die Entwicklung einer Argumentationslastregel zulässig, vgl. dazu *Eidenmüller* JuS 1998, 791 f., der die Entscheidung des Bundesverfassungsgerichts freilich dahin versteht, daß eine solche unzulässig sei, und sie unter diesem Aspekt – folgerichtig – kritisiert.

b) Zum Verhältnis von Rechtsprechung und Gesetzgebung:
die Problematik eines Anspruchs des Kindes auf Auskunft über die
Person seines biologischen Vaters bei heterologer Insemination

Schließlich möchte ich noch ein verwandtes Problem aufgreifen, zu
dem es bisher keine Rechtsprechung gibt: die Frage nach dem Anspruch des Kindes auf Auskunft über die Person seines biologischen
Vaters bei heterologer Insemination. Im Schrifttum wird aus der Anerkennung des Grundrechts eines Menschen auf Kenntnis seiner Ab-
stammung z.T. geschlossen, daß die Samenbank und/oder der Arzt die
Pflicht haben, die Person des Samenspenders zu dokumentieren und
dem Kind auf dessen Verlangen bekanntzugeben[197].

Zunächst fragt sich, worin hier die bürgerlichrechtliche Anspruchsgrundlage zu sehen ist. § 810 BGB kommt als solche allenfalls dann in
Betracht, wenn eine Dokumentation über den Spender vorhanden
ist[198], und gibt daher nichts für die Beantwortung der Vorfrage her, ob
eine Pflicht zu deren Anlegung besteht; außerdem ist im Rahmen von
§ 810 BGB grundsätzlich eine Interessenabwägung unter Verhältnis-
mäßigkeitsgesichtspunkten vorzunehmen[199], so daß mit dem Hinweis
auf diese Vorschrift die eigentlichen Probleme auch bei Existenz einer
Dokumentation noch längst nicht gelöst sind. Vorzugswürdig, weil
wesentlich problemnäher erscheint daher der Rückgriff auf das (bürgerlichrechtliche) allgemeine Persönlichkeitsrecht des Kindes in Verbindung mit dem negatorischen Anspruch analog § 1004 BGB. Dieses
Recht wird nämlich durch die Unkenntnis von der Person des biologischen Vaters beeinträchtigt, und die Samenbank bzw. der Arzt haben
diese Beeinträchtigung durch die Vornahme der heterologen Insemination auch in zurechenbarer Weise veranlaßt[200]. Inhaltlich ist der negato-
rische Anspruch hier auf Auskunft gerichtet, da nur durch eine solche
die Beeinträchtigung beseitigt werden kann, und zur Sicherung seiner
Erfüllung muß eine Dokumentation angelegt werden, da sich die Sa-

---

[197] Vgl. *R. Zimmermann* FamRZ 1981, 932; *Starck* Verhandlungen des 56.
Deutschen Juristentages, 1986, A 23 ff.; *Coester-Waltjen* ebenda B 68 f.; *Giesen*
JZ 1989, 368 f.; *ders.* Familienrecht, 2. Aufl. 1997, Rdn. 611.
[198] Für eine Lösung mit Hilfe von § 810 BGB *R. Zimmermann* FamRZ 1981,
932; einschlägig wäre wohl die 2. Alt. von § 810 BGB, da zwischen dem Kind
und seinem biologischen Vater ein Rechtsverhältnis familienrechtlicher Art besteht und § 810 Alt. 2 BGB seinem klaren Wortlaut nach generell für „Rechts-
verhältnisse", also nicht nur für solche aus Rechtsgeschäften gilt.
[199] Vgl. nur *Palandt/Thomas* 57. Aufl. 1998, § 810 Rdn. 2.
[200] Vgl. zu diesem Erfordernis im Rahmen von § 1004 BGB näher *La-*
renz/Canaris Schuldrecht II/2, 13. Aufl. 1994, § 86 V 1 und 3.

menbank bzw. der Arzt die Erfüllung ihrer Pflicht sonst selbst unmöglich machen würden – ganz abgesehen davon, daß aus anderen Gründen ohnehin eine Dokumentationspflicht besteht[201].

Läßt sich somit eine bürgerlichrechtliche Anspruchsgrundlage durchaus konstruieren, so ist damit doch die entscheidende Frage noch nicht beantwortet, ob überhaupt ein Auskunftsanspruch des Kindes anzuerkennen ist. Dieser kollidiert nämlich mit dem allgemeinen Persönlichkeitsrecht des Spenders bzw. – präziser gesprochen – mit dessen Grundrecht auf informationelle Selbstbestimmung. Der Spender hat hier vor allem deshalb ein massives Interesse an Anonymität, weil er dem Kind u.U. nach §§ 1615a, 1601 BGB unterhaltspflichtig werden kann und überdies seine Erben oder eventuell auch er selbst ihm nach §§ 1934a, 1934b, 1934d BGB zu einem Geldausgleich als Ersatz für sein Erbrecht verpflichtet sind[202]. Diese Risiken sind umso gravierender, als aus einer einzigen Samenspende mehrere Kinder hervorgehen können – angeblich bis zu zehn. Selbstverständlich müssen die Samenbank oder der Arzt den Spender über die Möglichkeit dieser juristischen Konsequenzen aufklären[203]. Dann wird dieser entweder einen sicheren Schutz vor ihnen verlangen oder die Samenspende verweigern. Dem versucht man, wie *Hager* vor einem Jahr vor dieser Gesellschaft dargetan hat, durch einen Vertrag mit dem Ehemann der Mutter abzuhelfen, durch welchen dieser den Spender von seinen Rechtspflichten gegenüber dem Kind freistellt[204]. Diese Konstruktion versagt jedoch in wichtigen Fällen – z.B. wenn der Ehemann zahlungsunfähig ist oder die Insemination bei einer unverheirateten Frau vorgenommen wird.

Vernünftigerweise wird sich der Spender daher bei der gegenwärtigen unterhalts- und erbrechtlichen Lage zu der Spende nur bereitfin-

---

[201] Sie ist z.B. erforderlich für den Fall, daß zur Behandlung einer Krankheit des Kindes die Kenntnis von biologischen Daten seines Vaters benötigt wird, und folgt insoweit aus dem Schutz der Gesundheit nach § 823 Abs. 1 BGB in Verbindung mit einer entsprechenden Verkehrspflicht; auch im Hinblick auf die Möglichkeit einer Heirat des Kindes mit einem engen Verwandten des Spenders oder gar mit diesem selbst muß eine Dokumentation angelegt werden, wobei insoweit das allgemeine Persönlichkeitsrecht als pflichtenbegründende Grundlage heranzuziehen ist.

[202] Entsprechend dem Zeitpunkt des Vortrags wird hier noch von der bis zum 30.6.1998 geltenden Rechtslage ausgegangen; das ist deshalb unbedenklich, weil sich durch die zum 1.7.1998 in Kraft getretenen Änderungen für die Dimension der vorliegenden Problematik nichts Wesentliches verändert hat.

[203] Zutreffend insoweit R. *Zimmermann* FamRZ 1981, 933; *Coester-Waltjen* aaO. B 68.

[204] J. *Hager* Die Stellung des Kindes nach heterologer Insemination, 1997, S. 9 ff.

den, wenn grundsätzlich[205] seine Anonymität gewährleistet ist. Diese bildet somit faktisch geradezu *die Bedingung der Möglichkeit dafür, daß das Kind überhaupt ins Leben treten kann,* und darf daher m.E. nicht durch einen generellen Anspruch auf Auskunft über die Identität des Spenders auf das schwerste beeinträchtigt oder gar gänzlich hinfällig gemacht werden[206]; das Informationsinteresse des Kindes *einschränkungslos* als vorrangig anzuerkennen, liefe letztlich auf die unhaltbare Ansicht hinaus, es sei besser, gar nicht zu leben, als in Unkenntnis von der Person seines biologischen Vaters zu leben[207]. Demgemäß hat das Bedürfnis des Kindes, diese Kenntnis zu erlangen, bei der heterologen Insemination keinesfalls ein so großes Gewicht, daß das grundrechtliche Schutzgebot sich *ohne weiteres* gegenüber dem gegenläufigen Recht auf informationelle Selbstbestimmung durchsetzen müßte.

Ob die Zusage, die Anonymität des Spenders zu wahren, nach § 138 BGB nichtig ist – wie im Schrifttum ganz überwiegend angenommen wird – ist im vorliegenden Zusammenhang unerheblich. Hier geht es

---

[205] Zu Ausnahmen vgl. Fn. 201; die dort genannten Probleme werden sich nicht selten sogar lösen lassen, ohne die Anonymität zu durchbrechen.

[206] Es handelt sich hier also um eine Art von („pragmatischem" oder sogar „performativem", vgl. dazu *Canaris* JuS 1996, 579 f.) Selbstwiderspruch, durch den gewissermaßen die Basis rückwirkend hinfällig gemacht wird, auf welcher die Möglichkeit zur Geltendmachung des Auskunftsanspruchs überhaupt beruht; mit dem Argument, die Rechtsordnung dürfe nicht faktisch verhindern, daß *in Zukunft* noch Samenspenden vorgenommen werden, hat das nichts zu tun.

[207] Eine ähnliche Argumentation spielt bekanntlich eine zentrale Rolle für die Ansicht der h.L., daß ein mit einer schweren Krankheit geborener Mensch („wrongful life") keinen Schadensersatzanspruch gegen denjenigen hat, ohne dessen Fehlverhalten (z.B. falsche Beratung der Mutter über das Krankheitsrisiko, fehlgeschlagene Sterilisation usw.) er gar nicht zur Welt gekommen wäre, vgl. dazu z.B. BGHZ 86, 240, 254 (mit etwas anderer, im wesentlichen aber doch ganz ähnlicher Begründung); *Medicus* Zivilrecht und werdendes Leben, 1985, S. 13 f.; umfassend und tiefdringend mit eigenem Lösungsansatz *Picker* Schadensersatz für das unerwünschte Leben „Wrongful Life", 1995. Daher kann die Zurückweisung dieser Argumentation durch *R. Zimmermann* FamRZ 1981, 934 nicht überzeugen. Außerdem liegt die hier zur Erörterung stehende Problematik ohnehin insofern noch krasser, als die Unkenntnis von der Person des Samenspenders – auch wenn sie für das Kind eine Belastung darstellt – wertungsmäßig grundsätzlich nicht mit einer Gesundheitsschädigung auf eine Stufe gestellt werden kann; einem kranken Menschen entgegenzuhalten, daß er ohne die Krankheitsursache gar nicht leben würde, kann man durchaus als unangemessene, ja fast zynische Argumentation zurückweisen, während bei der vorliegenden Problematik von einer derartigen Unangemessenheit nicht die Rede sein kann (sondern eher das Auskunftsbegehren des Kindes als problematisch erscheint, weil es damit den seinerzeitigen Entscheidungen sowohl seiner Mutter als auch seines biologischen Vaters die Grundlage entzieht).

nämlich nicht um einen vertraglichen Geheimhaltungsanspruch des Spenders, sondern um dessen davon völlig unabhängiges Recht auf informationelle Selbstbestimmung – und zwar in einem elementaren Bereich, der seine Intimsphäre betrifft. In dieses Recht wird durch die Zuerkennung eines Auskunftsanspruchs in massiver Weise eingegriffen, so daß es zu einer *Kollision der beiderseitigen Grundrechte* kommt. Dabei kann man nicht sagen, daß das Recht des Spenders auf informationelle Selbstbestimmung von vornherein gar nicht oder evident geringer schutzwürdig ist als das Interesse des Kindes an der Kenntnis seines biologischen Vaters. Zwar geht es hier um die Mitteilung einer wahren Tatsache im legitimen Interesse eines Dritten, doch hat die Samenbank bzw. der Arzt die Samenspende und die Kenntnis von der Identität des Spenders nur unter der Prämisse der Geheimhaltung erlangt und beginge daher durch deren Aufdeckung einen schweren Vertrauensbruch; das gilt unabhängig von einer Anonymitätszusicherung, da auch ohne eine solche das Geheimhaltungsinteresse des Spenders offenkundig ist. Bei einer derartigen Konstellation ist das Recht auf informationelle Selbstbestimmung grundsätzlich durchaus schutzwürdig. Daß der Spender über die rechtlichen Risiken aufzuklären ist, ändert daran auch dann nichts, wenn dies geschehen ist. Denn Klarheit kann nur hinsichtlich der unterhalts- und erbrechtlichen Lage geschaffen werden, nicht dagegen hinsichtlich des Bestehens eines Auskunftsanspruchs über die Identität des Spenders, da dieser schließlich nicht im Gesetz steht und bisher auch nicht höchstrichterlich anerkannt ist, sondern im vorliegenden Zusammenhang gerade das „thema probandum" darstellt – ganz abgesehen von den „Altfällen" einer Samenspende, die vor der (ohnehin nicht auf die vorliegende Problematik bezogenen) Anerkennung des Rechts auf Kenntnis des biologischen Vaters durch das Bundesverfassungsgericht erfolgt ist. Daher ist die Erwartung des Spenders, seine Anonymität werde gewahrt werden, zwar riskant, aber keineswegs illegitim. Die Interessenlage ist insoweit völlig anders als in den Fällen, in denen ein nichteheliches Kind durch Geschlechtsverkehr gezeugt worden ist. Denn in diesen spielt die Anonymitätserwartung überhaupt keine Rolle, und daher muß der Vater hier ohne weiteres mit den vollen rechtlichen Konsequenzen seines Verhaltens rechnen. Wenn aber die Mutter sogar in einem solchen Fall nach der soeben erörterten Rechtsprechung des Bundesverfassungsgerichts u.U. die Auskunft über die Person des Vaters verweigern darf, dann muß gleiches im Prinzip auch für die Samenbank und den Arzt im Falle der heterologen Insemination gelten.

Demgemäß ist auch hier von einem weiten Gestaltungsspielraum des einfachen Rechts bei der Verwirklichung des grundrechtlichen Schutzgebots auszugehen. Sucht man nun nach einer „mittleren" Lösung im Sinne praktischer Konkordanz, durch welche die Interessen beider Seiten gewahrt werden, so liegt es im Hinblick auf die Besonderheiten der heterologen Insemination nahe, dem Kind die finanziellen Ansprüche gegen seinen biologischen Vater und dessen Erben abzusprechen und ihm dann den – dadurch erheblich „entschärften" – persönlichkeitsrechtlichen Anspruch auf Auskunft über dessen Person grundsätzlich zuzuerkennen. Im Vergleich zu der Alternative einer Versagung dieses Anspruchs spricht für diesen Ausweg, daß er das mildere Mittel zur Auflösung der Grundrechtskollision darstellt; denn wenn man den Auskunftsanspruch verneint, verliert das Kind damit de facto zugleich die finanziellen Ansprüche, weil es keine Kenntnis von deren Adressaten erlangen kann. Im Vergleich zur Bejahung eines Auskunftsanspruchs auf der Grundlage der derzeitigen unterhalts- und erbrechtlichen Lage verdient deren Korrektur für die Fälle heterologer Insemination ebenfalls den Vorzug, weil anderenfalls das Grundrecht des Spenders auf informationelle Selbstbestimmung gänzlich hintangestellt und also auf praktische Konkordanz verzichtet würde. Das wäre unvereinbar mit dem Erfordernis, „die kollidierenden Grundrechtspositionen in ihrer Wechselwirkung zu sehen und so zu begrenzen, daß sie für alle Beteiligten möglichst wirksam werden"[208].

Allerdings könnte der hier vorgeschlagene Ausweg durch das Gebot der Gleichstellung von nichtehelichen mit ehelichen Kindern gemäß Art. 6 Abs. 5 GG versperrt werden, doch wird man diese Bestimmung insoweit im Wege einer teleologischen Reduktion außer Anwendung lassen können, weil sie auf diese spezifische Sonderproblematik der heterologen Insemination nicht zugeschnitten ist. Gleichwohl stößt man hier an die Grenze der Möglichkeiten richterlicher Rechtsfortbildung, so daß ein Eingreifen des Gesetzgebers erforderlich wird. Zwar gehört die Verwirklichung von Schutzgeboten zu den genuinen Aufgaben der Rechtsprechung und kann demgemäß nicht etwa nur im Rahmen der Auslegung, sondern auch im Wege der Lückenfüllung erfolgen[209], doch ginge die Außerkraftsetzung der unterhalts- und erbrechtlichen Vorschriften über eine solche wohl hinaus, weil sie mehr sein dürfte als eine bloße teleologische Reduktion. Für die Notwendigkeit einer gesetzgeberischen Entscheidung spricht im übrigen wohl auch das Prinzip vom Vorbehalt des Gesetzes im Sinne der Wesentlichkeitstheorie[210].

---

[208] So BVerfGE 89, 214, 232; BVerfG NJW 1998, 1475, 1476.
[209] Vgl. z.B. *Stern* aaO. § 69 IV 6 c; *Isensee* aaO. § 111 Rdn. 156.
[210] Grundlegend BVerfGE 49, 89, 124 ff.

Zum einen stellt nämlich die Problematik der heterologen Insemination eine Frage von elementarer Bedeutung dar, bei deren Lösung es um die Abwägung zwischen grundlegenden rechtsethischen Werten geht. Und zum anderen gibt es hierüber keine wirkliche Entscheidung des Parlaments. Denn angesichts der Neuartigkeit und Eigenständigkeit dieser Problematik stellt die Anwendung der Vorschriften des BGB über nichteheliche Kinder nicht mehr als eine scheinlogische Subsumtion dar, und hinsichtlich des Auskunftsanspruchs fehlt es vollends an einer gesetzlichen Grundlage. Es ist daher auch unter diesem Aspekt verfassungsrechtlich gesehen nicht befriedigend, einfach die unterhalts- und erbrechtlichen Regelungen über nichteheliche Kinder mit dem Auskunftsanspruch zu kombinieren und es als – vielleicht sogar rechtspolitisch erwünschte – Konsequenz hinzunehmen, daß der Samenspender dadurch einem dramatischen rechtlichen Risiko ausgesetzt wird[211]; das gilt umso mehr, als dessen Verwirklichung typischerweise von einer Reihe von rein äußerlichen Zufälligkeiten abhängt und außerdem die Beteiligten zur Entwicklung von Vermeidungs- und Umgehungsstrategien geradezu herausgefordert werden.

Verfahrensmäßig läßt sich die Einschaltung des Gesetzgebers jedenfalls dadurch erreichen, daß die im Zivilprozeß unterlegene Partei Verfassungsbeschwerde einlegt und das Bundesverfassungsgericht dann das Verfahren bis zu einer Entscheidung des Gesetzgebers aussetzt. Auch der Weg über eine Normenkontrolle gemäß Art. 100 GG erscheint als gangbar. Unproblematisch ist das, wenn das Gericht den Auskunftsanspruch als de lege lata gegeben, aber wegen der damit verbundenen unterhalts- und erbrechtlichen Konsequenzen als verfassungswidriges Übermaß ansieht. Hält es umgekehrt den Auskunftsanspruch im Hinblick auf diese für unvereinbar mit der lex lata und sieht es in dessen Versagung zugleich einen Verstoß gegen das Untermaßverbot, so rügt es damit ein gesetzgeberisches Schutzdefizit, worauf Art. 100 GG zwar nach seinem Wortlaut nicht zugeschnitten ist, aber sinngemäß angewendet werden sollte[212].

---

[211] So aber die Tendenz von *R. Zimmermann* FamRZ 1981, 935, wenngleich nicht aus verfassungsrechtlicher, sondern aus rechtspolitischer Sicht.
[212] Das ist sehr streitig; die gegenteilige Ansicht ist wohl noch h.L., vgl. z.B. *Maunz/Schmidt-Bleibtreu/Klein/Ulsamer* BVerfGG, 1998, § 80 Rdn. 27; *Schenke* VerwArch 82 (1991) 319 ff.; die vorzugswürdige Gegenmeinung ist jedoch offenbar im Vordringen begriffen, vgl. z.B. *Berkemann* EuGRZ 1985, 137 ff.; *Kloepfer* Festschr. für Lerche, 1993, S. 768 mit weiteren Nachw.

VI. Ansätze zu einer dogmatischen Präzisierung der Schutzgebotsfunktion und des Untermaßverbots im Privatrecht

Blickt man auf die Ausführungen über die Schutzgebotsfunktion der Grundrechte und das Untermaßverbot im letzten Abschnitt zurück, so liegt es nahe, einige Gedanken zu verallgemeinern und dadurch den Versuch zu wagen, einen gewissen Beitrag zu der – noch in den Anfängen steckenden – dogmatischen Präzisierung dieses neuartigen rechtlichen Instrumentariums zu leisten.

1. Die Unterscheidung zwischen dem „Ob" und dem „Wie" des Schutzes

Dabei empfiehlt es sich zunächst, zwei Fragen zu unterscheiden – nämlich erstens, ob ein Grundrecht überhaupt für die betreffende Beeinträchtigung ein Schutzgebot enthält, und zweitens, wie bejahendenfalls der Schutz auszusehen hat. Daß diese Unterscheidung in der Tat elementar ist, zeigt sich sofort, wenn man sie auf die Problematik des Schwangerschaftsabbruchs anwendet: Hier ist zunächst zu klären, ob aus Art. 2 Abs. 2 GG überhaupt eine Pflicht des Staates zum Schutz ungeborenen Lebens folgt, und sodann die – weitaus diffizilere – Frage zu lösen, auf welche Weise der Staat dieser Pflicht nachzukommen hat, insbesondere ob das mit den Mitteln des Strafrechts oder nur mit denjenigen des Sozialrechts und/oder des Privatrechts zu erfolgen hat[213].

Auch im Privatrecht gilt grundsätzlich diese Zweiteilung. Selbstverständlich kann schon die Frage nach dem Bestehen einer Schutzpflicht für eine bestimmte Problemstellung zu verneinen sein – und zwar a limine und nicht etwa nur aufgrund einer Abwägung der Umstände des einzelnen Falles; das habe ich oben V 3 a an der Wahlplakatentscheidung des Bundesverfassungsgerichts zu demonstrieren versucht: einen Rechtssatz des Inhalts, daß der Vermieter an der Außenwand des Mietshauses Wahlreklame seines Mieters zu dulden hat, gibt es ganz generell nicht. Andererseits steht mit der Bejahung einer Schutzpflicht nicht ohne weiteres fest, daß diese immer, d.h. unabhängig von den Besonderheiten des Einzelfalles durchgreift. So folgt zwar aus dem Recht auf Informationsfreiheit gemäß Art. 5 Abs. 1 S. 1 Halbs. 2 GG *grundsätzlich*, daß dem Vermieter eine Pflicht zur Duldung der Anbringung einer Parabolantenne aufzuerlegen ist, wenn der Mieter auf eine solche

---

[213] Diese Zweiteilung prägt denn auch deutlich die einschlägige Entscheidung BVerfGE 88, 203.

mangels hinreichender sonstiger Empfangsmöglichkeiten angewiesen ist, doch kann diese Pflicht *im Einzelfall* gleichwohl zu verneinen sein wie z.B., wenn sie aufgrund besonderer Umstände mit den schutzwürdigen Interessen des Vermieters unvereinbar ist (vgl. oben V 3 c). Ähnlich folgt zwar aus dem allgemeinen Persönlichkeitsrecht eines nichtehelichen Kindes gemäß Art. 2 Abs. 1 i.V. mit Art. 1 Abs. 1 GG sowie wohl auch aus Art. 14 Abs. 1 GG und Art. 6 Abs. 5 GG, daß dieses *grundsätzlich* einen Anspruch gegen seine Mutter auf Auskunft über die Person seines biologischen Vaters hat, doch tritt dieser u.U. hinter dem gegenläufigen Persönlichkeitsrecht und den schutzwürdigen Interessen der Mutter zurück (vgl. oben V 4 a).

Auch auf der Rechtsfolgenseite kann es Konkretisierungsbedürfnisse und -spielräume geben. Beispielsweise läßt sich aus Art. 11 GG das Gebot herleiten, die Freizügigkeit wegen ihres personalen Charakters vor der Beeinträchtigung durch vertragliche Einschränkungen zu schützen, doch bedeutet das keineswegs ohne weiteres, daß ein Vertrag über die Verlegung des Wohnsitzes nach § 138 BGB nichtig ist, sondern führt nach richtiger Ansicht lediglich dazu, daß die entsprechende Pflicht analog § 888 Abs. 2 ZPO nicht im Wege der Zwangsvollstreckung durchgesetzt werden kann[214].

2. Voraussetzungen für die Annahme eines Schutzgebots

Anders als ein Eingriffsverbot setzt ein Schutzgebot eine spezifische Begründung voraus. Das ist oben IV 3 c eingehend dargelegt worden und soll hier nicht wiederholt werden. Vielmehr geht es an dieser Stelle darum, die Voraussetzungen für die Annahme eines Schutzgebots etwas näher zu entfalten.

a) Die tatbestandliche Einschlägigkeit eines Grundrechts

Selbstverständlich ist, daß ein Schutzgebot von vornherein nur in Betracht kommt, wenn das betreffende Grundrecht tatbestandlich überhaupt einschlägig ist. Geht man z.B. davon aus, daß bloße Erwerbschancen nicht in den Anwendungsbereich von Art. 14 GG fallen, so scheidet schon aus diesem Grund ein verfassungsrechtliches Gebot zu ihrem Schutz ohne weiteres aus.

Diese Selbstverständlichkeit stellt indessen nicht immer eine Trivialität dar. Das zeigt sich etwa an der oben IV 3 b erörterten „Umkehrung" des Lüth-Falles, in der es (u.a.) darum ging, ob die Abweisung einer

---

[214] Vgl. näher *Canaris* JuS 1989, 164 sowie die Nachw. oben Fn. 143.

Unterlassungsklage des Filmregisseurs Veit Harlan gegen Lüth ersteren in seinem Grundrecht aus Art. 5 Abs. 3 GG verletzen würde. Das dürfte richtigerweise bereits auf der Ebene der *Tatbestandsmäßigkeit* zu verneinen sein, so daß schon aus *diesem* Grund ein verfassungsrechtliches Gebot zum Schutz Veit Harlans vor dem Boykottaufruf Lüths von vornherein nicht in Betracht kommt. In einer freien Gesellschaft, wie sie durch das Grundgesetz und das geltende Privatrecht konstituiert wird, muß sich Kunst nämlich gegenüber kritischen Äußerungen von Privatpersonen aus eigener Kraft behaupten und durchsetzen, gerade weil sie „frei", also keine „Staatskunst" und der Ruf nach staatlichem Schutz vor Kritik daher ihrer unwürdig ist. Folglich ist ihre Freiheit schon tatbestandlich gar nicht „berührt" – um einen im Verfassungsrecht gängigen, methodologisch freilich nicht unbedenklichen Ausdruck zu benutzen –, wenn eine Privatperson allein mit Worten (also nicht unter Einsatz wirtschaftlichen Drucks wie im Fall Blinkfüer[215]) und nur auf der Ebene der Meinungsauseinandersetzung (also nicht im wettbewerblichen Bereich) gegen sie kämpft. Das gilt auch dann, wenn jene bis zu einem Boykottaufruf geht, da auch dieser sich nach zutreffender, obgleich nicht unumstrittener Ansicht noch im Rahmen einer bloßen Meinungsäußerung hält[216]. Dabei handelt es sich indessen, wie zur Vermeidung falscher Argumentationsfronten vorsorglich hinzugefügt sei, im vorliegenden Zusammenhang lediglich um ein Zusatz- und Randproblem, auf das es hier nicht entscheidend ankommt; denn demonstriert werden soll ja nur, daß es dogmatisch sinnvoll ist, noch vor der Frage nach dem Bestehen eines Schutzgebots die tatbestandliche Einschlägigkeit des in Betracht kommenden Grundrechts zu prüfen – und daß bloße Kunstkritik von Privatpersonen nicht in den Anwendungsbereich von Art. 5 Abs. 3 GG fällt, wird gewiß auch akzeptieren, wer hinsichtlich des – über Kritik erheblich hinausgehenden – Boykottaufrufs anderer Ansicht ist.

Es ist somit nicht etwa die Meinungsfreiheit Lüths gegen die Kunstfreiheit Veit Harlans abzuwägen, da Art. 5 Abs. 3 GG hier von vornherein nicht eingreift und es somit gar nicht zu einer Kollision der beiden Grundrechte kommt. Diese Einsicht ist dogmatisch und methodologisch wichtig, kann sie doch dazu beitragen, der vorschnellen Flucht in die Abwägung und der immer mehr um sich greifenden Abwä-

---

[215] Vgl. dazu oben V 3 b.
[216] Vgl. BVerfGE 7, 198, 210 und dazu eingehend *Canaris* JuS 1989, 167 mit Nachw. zur Gegenmeinung.

gungshypertrophie[217] entgegenzuwirken. Außerdem ist die Problematik auch insofern von besonderem dogmatischen Interesse, als sie ein Beispiel für die oben II 3 skizzierte Möglichkeit bildet, daß der tatbestandliche Anwendungsbereich eines Grundrechts im Verhältnis zwischen den Bürgern untereinander anders – d.h. hier enger – zu bestimmen sein kann als im Verhältnis des Bürgers zum Staat[218]. Würden nämlich staatliche Organe (als solche) Kritik an einem Film üben oder gar zu dessen Boykott aufrufen, so wäre Art. 5 Abs. 3 GG durchaus „berührt" – und zwar in seiner Funktion als Abwehrrecht und Eingriffsverbot[219].

b) Das Schutzbedürfnis und seine Indikatoren: Rechtswidrigkeit, Gefährdung, Angewiesenheit

Erst wenn die tatbestandliche Einschlägigkeit eines Grundrechts bejaht ist, geht es um die eigentliche Frage nach der Schutzpflicht. Deren Bestehen kann dabei auch dann generell zu verneinen sein, wenn ein Grundrecht tatbestandlich durchaus „berührt" ist – was noch einmal die Zweckmäßigkeit einer Trennung zwischen diesen beiden Problemen unterstreicht. So wird man z.B. schwerlich leugnen können, daß die Meinungsfreiheit gemäß Art. 5 Abs. 1 GG „berührt" ist, wenn der Vermieter dem Mieter (mit Hilfe von § 1004 BGB) verbietet, an der Außenwand seiner Mietwohnung Wahlreklame zu machen, und doch läßt sich, wie oben V 3 a dargelegt, aus der Verfassung kein Gebot herleiten, daß die Privatrechtsordnung dem Mieter eine derartige Möglichkeit zu eröffnen habe. Als wesentlicher Grund dafür hat sich herausgestellt, daß man hier von vornherein gar keinen Ansatzpunkt für die Annahme einer grundrechtlichen Schutzpflicht findet, weil ein Mieter über hinreichende andere Möglichkeiten zu politischer Propaganda verfügt.

Damit kommt ein elementares Kriterium für die Annahme einer Schutzpflicht in den Blick: es muß ein gewichtiges Bedürfnis für den Schutz des betreffenden Grundrechts bestehen. Dabei geht es primär um die *tatsächlichen* Grundlagen des grundrechtlich gewährleisteten Gutes und nicht um dessen *rechtliche* Dimension. In diese kann näm-

---

[217] Vgl. dazu die berechtigte Kritik von *Leisner* NJW 1997, 636 ff.; grundlegend *ders. Der Abwägungsstaat,* 1997.
[218] Zutreffend dazu, speziell im Hinblick auf Art. 5 Abs. 3 GG, *Lerche* Festschr. für Odersky, 1996, S. 217 Fn. 7.
[219] Entgegen *Isensee* HbdStR Bd. V, 1992, § 111 Rdn. 93 wird man daher schwerlich einschränkungslos die Ansicht verfechten können, daß „die Schutzpflicht in ihrer thematischen Reichweite dem Abwehrrecht entspricht".

lich grundsätzlich nur der Staat durch Hoheitsakte wie Gesetze, Verwaltungsakte und dgl. eingreifen, während das den Privatrechtssubjekten mangels einer entsprechenden Kompetenz in der Regel – d.h. abgesehen von verhältnismäßig seltenen Ausnahmefällen wie Kündigungs- und Weisungsrechten, wirksamen Verfügungen eines Nichtberechtigten und dgl. – gar nicht möglich ist. Auch für Verträge gilt nichts anderes, da bei diesen rechtlich gesehen nicht Fremdbestimmung, sondern Selbsteinschränkung vorliegt; es ist daher ganz folgerichtig, daß das Bundesverfassungsgericht in seiner Bürgschaftsentscheidung die Privatautonomie, um deren Schutz es dort ging, nicht im formalen, sondern im materialen Sinn verstanden und also auf die faktischen Voraussetzungen ihrer Ausübung abgestellt hat[220]. *Hauptziel der Schutzgebotsfunktion im Verhältnis zwischen Privatrechtssubjekten ist es demnach, die grundrechtlichen Güter vor tatsächlichen Beeinträchtigungen durch andere Privatrechtssubjekte zu bewahren und ihre tatsächliche Funktionsfähigkeit zu gewährleisten.*

aa) Ein Bedürfnis zum Schutz vor Beeinträchtigungen kann vor allem dann zu bejahen sein, wenn diese *rechtswidrig* sind[221]. Dieses Urteil kann sich aus der Verfassung selbst ergeben; ein Beispiel hierfür bildet der Fall Blinkfüer, weil der Einsatz von wirtschaftlichem Druck im Meinungskampf, also das angewandte Mittel[222] in der Tat schon von Verfassungs wegen nicht hingenommen werden kann, wie oben V 3 b dargelegt. Gleiches gilt im Hinblick auf das allgemeine Gewaltverbot auch für physische Eingriffe in Leben, Gesundheit, Fortbewegungsfreiheit und Sacheigentum[223]. Anders liegt es dagegen etwa hinsichtlich des privatrechtlichen Persönlichkeitsschutzes. Hier kann man nur sagen, daß dessen Ausgestaltung in der dem BGB ursprünglich zugrunde liegenden engen Konzep-

---

[220] Vgl. dazu näher oben IV 3 e aa a.E. bei Fn. 146.

[221] Vgl. auch *Isensee* aaO. § 111 Rdn. 99, der dieses Kriterium jedoch wohl überbetont, vgl. dazu alsbald im Text; zur Bedeutung der Rechtswidrigkeit für die Schutzpflicht vgl. ferner z.B. *Hermes* Das Grundrecht auf Schutz von Leben und Gesundheit, 1987, S. 65 ff.; *Hesse* Grundzüge des Verfassungsrechts der Bundesrepublik Deutschland, 20. Aufl. 1995, Rdn. 350.

[222] Auf die Unzulässigkeit des Mittels abzustellen, ist bekanntlich eine altbewährte Argumentationsfigur bei der Ermittlung der Rechtswidrigkeit.

[223] Im Ansatz zutreffend *Isensee* aaO. § 111 Rdn. 98. Allerdings ist die äußerst schwierige Frage, wann das Verhalten eines Privatrechtssubjekts gegenüber einem anderen in einer *verfassungs*rechtlich relevanten, also dem (einfachen) Gesetz *vorgelagerten* Weise rechtswidrig ist, bisher nahezu völlig ungeklärt; eine Vertiefung ist im Rahmen dieser Abhandlung nicht möglich, vgl. aber immerhin die Andeutungen oben Fn. 102 und 108.

tion in ihrer Gesamtheit hinter dem verfassungsrechtlich gebotenen Schutzminimum zurückbleibt und also das Untermaßverbot verletzt, weil sie weder dem verfassungsrechtlichen Rang des durch Art. 2 Abs. 1 i.V. mit Art. 1 Abs. 1 GG gewährleisteten allgemeinen Persönlichkeitsrechts noch dem immensen Zunehmen seiner Gefährdung durch die Entwicklung von Technik, Wirtschaft und Gesellschaft in einigermaßen effizienter Weise Rechnung trägt[224]. Die *Schutzlücke als solche*, die hier auf der Ebene des einfachen Rechts bestand (vor dessen Fortbildung durch Rechtsprechung und Wissenschaft), ist also als verfassungswidrig zu qualifizieren. Ob auch die einzelnen Persönlichkeitsbeeinträchtigungen – wie z.B. die Veröffentlichung eines Anwaltsschreibens als Leserbrief oder die Verwendung eines Photos zu Reklamezwecken ohne Zustimmung des Abgebildeten[225] – geradezu von Verfassungs wegen zu mißbilligen sind, kann hier dagegen schwerlich den Ausschlag geben. Entscheidend ist vielmehr das Schutzdefizit in seiner Gesamtheit, wobei man allenfalls fordern kann, daß zu den Eingriffen, die dadurch sanktionslos bleiben, auch einige gehören müssen, bei denen sich das Unwerturteil schon auf der Ebene der Verfassung fällen läßt; im übrigen bleibt das Rechtswidrigkeitsurteil hier jedoch primär dem einfachen Recht überlassen und taugt daher nicht als Element für die Begründung der verfassungsrechtlichen Schutzpflicht[226]. Statt dessen ist insoweit das Erfordernis der *Effektivität des Grundrechtsschutzes* von zentraler Bedeutung.

bb) Ähnliches gilt für *Gefährdungen* grundrechtlich geschützter Güter[227]. Diese können auch dann, wenn sie so elementare und hochrangige Güter wie Leben und Gesundheit betreffen, grundsätzlich[228] nicht ohne weiteres auf eine Stufe mit Eingriffen gestellt werden[229], da

---

[224] Vgl. näher *Larenz/Canaris* Schuldrecht II/2, 13. Aufl. 1994, § 80 I 2 und 3.

[225] So die Fallgestaltung in den beiden grundlegenden Entscheidungen BGHZ 13, 334 („Schachtbrief") und BGHZ 26, 349 („Herrenreiter").

[226] Anders wohl *Isensee* aaO. § 111 Rdn. 99, nach dessen Ansicht „nur der rechtswidrige Eingriff, genauer: der mit der Verfassung unvereinbare Eingriff tatbestandlich relevant ist".

[227] Vgl. zur Relevanz dieses Kriteriums auch *Isensee* aaO. § 111 Rdn. 106; *Hesse* aaO. Rdn. 350; *Stern* Das Staatsrecht der Bundesrepublik Deutschland Bd. III/1, 1988, S. 740 ff.; *Dietlein* Die Lehre von den grundrechtlichen Schutzpflichten, 1992, S. 113 f.

[228] Zu Ausnahmen vgl. BVerfGE 53, 30, 58.

[229] Aus der Sicht der Zivilrechtsdogmatik besteht hier eine deutliche Parallele zu der Unterscheidung zwischen unmittelbaren Eingriffen und mittelbaren Beeinträchtigungen im Deliktsrecht, vgl. dazu näher *Larenz/Canaris* aaO. § 75 II 3 b.

ihnen gegenüber die Argumentation mit Hilfe des Gewaltverbots versagt. Denn zum einen ist die bloße Schaffung einer Gefahrenquelle grundsätzlich nicht als Ausübung physischer Gewalt zu qualifizieren; und zum anderen kann auch keine Rede davon sein, daß der Bürger sich gegen alle Gefährdungen durch andere Bürger „eigentlich" stets mit Gewalt wehren dürfte, geriete er dadurch doch seinerseits in Konflikt mit dem Gewaltverbot, eben weil Gefährdungen nicht per se mit Gewalt gleichgestellt werden können und er also nicht lediglich *Gegen*gewalt sondern *primäre* Gewalt üben würde.

Andererseits bliebe der Grundrechtsschutz in wesentlichen Bereichen unvollständig, wenn man ihn nicht auf erhebliche Gefährdungen erstrecken würde. Auch hier geht es somit wieder um das Erfordernis praktischer Effizienz, und auch hier ist grundsätzlich wieder eine weitgehend generalisierende Betrachtungsweise angezeigt: Die Rechtsordnung muß ein Instrumentarium bereitstellen, welches *insgesamt* gesehen und für *typische* Gefahrenlagen einen effizienten Schutz der grundrechtlichen Güter gewährleistet, ohne daß dabei die Schaffung *jeder einzelnen* konkreten Gefahrenquelle verfassungsrechtlich unter dem Gesichtspunkt des Untermaßverbots zu thematisieren ist.

Das geltende Deliktsrecht kommt dieser Aufgabe vor allem durch die sogenannten Verkehrspflichten[230] nach[231], deren Hauptfunktion im Schutz vor Gefährdungen liegt. Ergänzend treten die Gefährdungs- und teilweise auch die Aufopferungshaftung hinzu. Da diese bekanntlich nicht an ein Rechtswidrigkeitsurteil anknüpfen, steht man hier vor der Frage, ob ein Schutz des Bürgers auch gegenüber solchen Gefährdungen durch andere Bürger verfassungsrechtlich geboten sein kann, die nicht rechtswidrig sind, bzw. ob der Staat die Eingehung bestimmter Risiken nur erlauben darf, wenn er als Kompensation zugleich einen von Rechtswidrigkeit – und also auch und erst recht von Verschulden – unabhängigen Ausgleichsanspruch schafft. Das kann man keinesfalls a limine verneinen und daher ist, wenngleich das hier nicht vertieft werden kann, einmal mehr zu konstatieren, daß mit der Kategorie der Rechtswidrigkeit die Problematik der Schutzgebotsfunktion nicht vollständig in den Griff zu bekommen ist.

---

[230] Vgl. zu diesen eingehend *Larenz/Canaris* aaO. § 76 III mit umf. Nachw.
[231] Deren Entwicklung erfährt somit durch die Schutzgebotsfunktion von Art. 2 Abs. 2 GG und Art. 14 GG geradezu eine verfassungsrechtliche Legitimation; freilich bedarf es einer solchen nicht, weil die Verkehrspflichten entgegen hartnäckiger Kritik schon bürgerlichrechtlich hinreichend legitimiert sind und das auch von allem Anfang an waren, vgl. *Larenz/Canaris* aaO. § 76 III 2 a.

cc) Besonders deutlich zeigt sich das in Fällen, in welchen einem Privatrechtssubjekt Pflichten auferlegt werden, um einem anderen Privatrechtssubjekt die – faktische – Wahrnehmung eines Grundrechts zu ermöglichen. Paradigmatisch sind die Pflicht des Eigentümers eines Mietshauses zur Duldung der Anbringung einer Parabolantenne und die Pflicht der Mutter gegenüber ihrem Kind zur Auskunft über die Person seines biologischen Vaters. In beiden Fällen spielt das Kriterium der *Angewiesenheit* des Grundrechtsträgers auf das betreffende Verhalten des anderen Privatrechtssubjekts eine zentrale Rolle: Wenn der Eigentümer die Installierung der Parabolantenne nicht hinnimmt, kann der Mieter in den einschlägigen Fällen sein Grundrecht auf Informationsfreiheit gemäß Art. 5 Abs. 1 S. 1 Halbs. 2 GG faktisch nicht in effizienter Weise ausüben (vgl. oben V 3 c); und wenn die Mutter dem Kind seinen Vater nicht nennt, kann dieses weder sein durch das allgemeine Persönlichkeitsrecht gemäß Art. 2 Abs. 1 i.V. mit Art. 1 Abs. 1 GG verbürgtes Recht auf Kenntnis von der Person seines Erzeugers noch seine wohl durch Art. 14 GG geschützten etwaigen finanziellen Ansprüche gegen diesen durchsetzen (vgl. oben V 4 a).

Das Kriterium der Rechtswidrigkeit führt hier dagegen nicht weiter, weil es ja erst zu begründen gilt, daß die Verweigerung der Duldung bzw. der Auskunft überhaupt rechtswidrig ist, und man daher bei einem Rückgriff auf diese Kategorie Gefahr liefe, sich in einen vitiosen Zirkel zu verstricken. Daß zusätzlich zu dem Gedanken der Angewiesenheit noch andere Gesichtspunkte wie vor allem die privatrechtliche Verfaßtheit der Wohnungswirtschaft bzw. die „Veranlassung" des Schutzbedürfnisses durch die Mutter heranzuziehen sind, um das Bestehen eines Schutzgebots zu bejahen (vgl. oben aaO), ändert daran nichts; denn diese Kriterien übernehmen hier lediglich die Funktion des Zurechnungselements, welches bei Eingriffen und Gefährdungen grundsätzlich unproblematisch ist, taugen aber nicht für die Begründung eines Rechtswidrigkeitsurteils. Daß die Verletzung der Duldungs- bzw. Auskunftspflicht dann ihrerseits rechtswidrig ist, hat natürlich mit der vorliegenden Problematik nichts zu tun, weil es insoweit nicht um die Begründung sondern um die Rechtsfolgen der Schutzpflicht geht.

c) Das „bewegliche Zusammenspiel" der Kriterien

aa) Es versteht sich von selbst, daß sich eine grundrechtliche Schutzpflicht i.d.R. nicht allein mit Hilfe der Kriterien des rechtswidrigen Eingriffs, der Gefährdung und der Angewiesenheit begründen läßt, sondern zusätzlich auf weitere Gesichtspunkte gestützt werden muß. Von wesentlicher Bedeutung sind insoweit zunächst „die Art und der

Rang des verfassungsrechtlich geschützten Rechtsguts"[232]. Daraus folgt
jedoch nicht, daß die Problematik schon allein mit Hilfe der Rangordnung bzw. einer etwa korrespondierenden festen Hierarchie der Werte
gelöst werden könnte. Vielmehr sind – wie meist bei Argumentationen
mit Hilfe eines Rangkriteriums – zwei Schritte zu unterscheiden[233]: Die
Berücksichtigung des abstrakten Rangverhältnisses zum einen und das
konkrete Gewicht der involvierten Güter und Interessen zum anderen.
So haben Leben und Gesundheit zweifellos einen höheren Rang als
Handlungsfreiheit und Eigentum, und doch kann eine schwache Gefährdung des Lebens u.U. hinter einer massiven Einschränkung der
Handlungsfreiheit und des Eigentums zurückzutreten haben, wie tri-
vialerweise z.B. schon die Zulassung des Autoverkehrs belegt. Andererseits ist deshalb die Ranghöhe des Schutzguts jedoch nicht etwa be-
langlos. Denn eine Schutzpflicht ist folgerichtig umso eher zu bejahen,
je höher das zu schützende Gut steht, so daß sie bei einer Gefährdung
von Leben und Gesundheit grundsätzlich leichter zu begründen ist als
bei einer solchen von Handlungsfreiheit oder Eigentum.

Das Rangverhältnis hängt dabei ersichtlich eng mit der Art des betreffenden Rechtsguts zusammen: Das Leben steht deshalb am höch-
sten, weil es die physische Grundlage jeder Grundrechtsträgerschaft
ist; Gesundheit und Fortbewegungsfreiheit haben bei genereller Betrachtungsweise Vorrang vor der allgemeinen Handlungsfreiheit, weil
sie nach der „Natur der Sache" gegenüber Eingriffen weitaus empfind-
licher sind als diese, die aufgrund ihres extrem weiten Tatbestandsbe-
reichs Einschränkungen sowohl besser verträgt als auch häufiger erforderlich macht und überdies – ganz anders als jene beiden Güter – geradezu auf *wechselseitige* Interaktion und damit zugleich Begrenzung angelegt ist. Im übrigen aber geht es hier nicht etwa um die – im einzelnen
äußerst schwierige – Herausarbeitung der Rangordnung als solcher,
sondern lediglich um die Einsicht, daß sich überhaupt abstrakte Vor-
rangregeln aufstellen lassen und daß diese bei der argumentativen Begründung von Schutzpflichten eine Rolle spielen können.

Im Rahmen der bisherigen Ausführungen sind bereits zwei weitere
wesentliche Kriterien in den Blick gekommen: die Schwere des Eingriffs und die Intensität der Gefährdung. Allgemeine Aussagen lassen
sich hierüber freilich kaum treffen. Vielmehr kann man nur – aber immerhin – sagen, daß eine Schutzpflicht umso eher in Betracht kommt,

---

[232] So BVerfGE 49, 89, 142; vgl. ferner BVerfGE 39, 1, 42.
[233] Das verkennt *Dietlein* aaO. S. 86 f. bei seiner Kritik an der Berücksichtigung des Rangkriteriums.

je gravierender der drohende Eingriff und je größer die Gefahr ist. Von Bedeutung ist dabei außerdem die Möglichkeit zum Selbstschutz des betroffenen Grundrechtsträgers, da die Schutzpflicht wie dargelegt[234] einer besonderen Legitimation bedarf und zu einem schützenden Eingreifen der Rechtsordnung daher jedenfalls von Verfassungs wegen kein Anlaß besteht, wenn jener sich selbst helfen kann.

bb) Neben den Kriterien der Rechtswidrigkeit des Eingriffs in das grundrechtliche Gut, seiner Gefährdung und der Angewiesenheit seines Inhabers auf die Mitwirkung anderer Privatrechtssubjekte bei dessen Ausübung erweisen sich somit einige wenige weitere Wertungsgesichtspunkte als generell relevant wie vor allem Rang und Art des betroffenen Grundrechts, die Schwere des drohenden Eingriffs und die Intensität der Gefährdung, die Möglichkeit seines Trägers zu effizientem Selbstschutz sowie das Gewicht gegenläufiger Grundrechte und Interessen[235]. Diese sind dabei – ähnlich wie Prinzipien – der Abstufung und Gewichtung zugänglich und bedürftig, so daß es grundsätzlich nicht um Lösungen nach dem Schema „ja/nein" bzw. „entweder/oder", sondern um komparative Sätze[236] mit der Struktur „je mehr und je stärker desto eher" geht: *Je höher der Rang des betroffenen Grundrechts, je schwerer der drohende Eingriff, je intensiver die Gefahr, je geringer die Möglichkeit seines Trägers zu effizientem Selbstschutz und je schwächer das Gewicht gegenläufiger Grundrechte und Interessen ist, desto eher ist eine verfassungsrechtliche Schutzpflicht zu bejahen.* Man gelangt also – was aus der Sicht der zivilrechtlichen Dogmatik alles andere als überraschend ist – zu einem Zusammenspiel der Kriterien nach Art eines „beweglichen Systems" im Sinne *Wilburgs*[237]. Es versteht sich freilich, daß damit allenfalls das vorletzte Wort gesprochen ist und die bereichsspezifische Feinarbeit am jeweiligen Problem noch hinzukommen muß.

3. Schutzgebotsfunktion und einfaches Recht

Die vorstehenden Ausführungen betrafen im wesentlichen die Frage, *ob* überhaupt eine grundrechtliche Schutzpflicht besteht. Wie be-

---

[234] Vgl. oben IV 3 c und d a.E.

[235] Vgl. schon *Canaris* JuS 1989, 163; ähnlich BVerfGE 49, 89, 142; *Isensee* aaO. § 111 Rdn. 90 unter (c) und Rdn. 141 f.

[236] Grundlegend dazu *Otte* Jb. für Rechtssoziologie und Rechtstheorie Bd. II, 1972, S. 301 ff.

[237] Grundlegend *Wilburg* Entwicklung eines beweglichen Systems im bürgerlichen Recht, 1950.

reits oben 1 dargelegt, sind in aller Regel zusätzliche Überlegungen erforderlich, um zu klären, *wie* eine solche gegebenenfalls zu verwirklichen ist.

a) Die Verwirklichung der Schutzgebotsfunktion mit Hilfe
des einfachen Rechts

aa) Dazu bedarf das verfassungsrechtliche Schutzgebot grundsätzlich der Ergänzung durch das einfache Recht. Denn dessen Aufgabe
und nicht diejenige der Verfassung ist es grundsätzlich, das Schutzin-
strumentarium – das vom Strafrecht über das Verwaltungs-, Steuer-
·und Sozialrecht bis zum Privatrecht reicht – bereitzustellen, da die Verfassung damit sowohl überfordert wäre als auch überstrapaziert würde.
Hier wirkt sich somit erneut der oben IV 3 c bereits erwähnte strukturtheoretische Unterschied zwischen der Schutzgebots- und der Eingriffsverbotsfunktion aus: Während es bei letzterer lediglich darum
geht, eine bestimmte bereits gegebene Regelung, d.h. eine Norm, einen
Verwaltungsakt oder dgl. an den Grundrechten zu messen, steht bei der
Schutzgebotsfunktion genau umgekehrt das *Fehlen* einer solchen Regelung – also ein staatliches Unterlassen im Gegensatz zu einem Eingriff[238] – auf dem Prüfstand mit der Konsequenz, daß mehrere unterschiedliche Möglichkeiten in Betracht zu ziehen sind, die grundsätzlich
zwischen den Polen einer völligen Versagung des Schutzes und der
Notwendigkeit des Erlasses von Strafnormen liegen.

Bezüglich der Schutzgebotsfunktion könnte man daher sagen, daß
sie „durch das Medium" oder zumindest „im Medium" des einfachen
Rechts verwirklicht und also durch dieses „mediatisiert" wird[239]. Indessen empfiehlt sich ein solcher Sprachgebrauch nicht. Zwar ist er hier
nicht so widersinnig wie hinsichtlich der Eingriffsverbotsfunktion[240],
doch ist er gleichwohl sehr anfällig für Mißverständnisse. Er kann
nämlich den Blick dafür verstellen, daß die dirigierende Kraft nach wie
vor von der Verfassung als der lex superior ausgeht und daß das einfache Recht demgemäß eben fortgebildet werden muß, wenn es den
grundrechtlichen Schutzgeboten nicht genügt – erforderlichenfalls sogar durch einen Akt der Gesetzgebung, wenn die Verwirklichung des
Schutzgebots durch die Rechtsprechung die Zulässigkeitsgrenzen richterlicher Rechtsfortbildung überschreiten würde.

---

[238] Zur auch hier wieder relevanten Ablehnung der „etatistischen Konvergenztheorie" vgl. oben IV 3 b.

[239] So in der Tat z.B. *Isensee* Das Grundrecht auf Sicherheit, 1983, S. 44;
Stern aaO. § 69 IV 6 c β.

[240] Vgl. dazu oben II 2 a.

bb) Andererseits trifft es aber in der Tat zu, daß sich das einfache Recht in wesentlichen Teilen als Verwirklichung der Schutzgebotsfunktion der Grundrechte verstehen läßt[241]. Das gilt insbesondere für das Deliktsrecht[242], die Gefährdungshaftung und die negatorischen Ansprüche, welche aus verfassungsrechtlicher Sicht grundrechtliche Schutzpflichten auf der Ebene des Privatrechts umsetzen[243]. Auch das Vertragsrecht kennt Normen, welche diese Funktion erfüllen. So ist z.B. das KSchG als Verwirklichung des aus Art. 12 GG folgenden Gebots anzusehen, dem Arbeitnehmer Schutz vor einem grundlosen Verlust seines Arbeitsplatzes zu gewähren[244]. Dem Schutz der Berufsfreiheit gemäß Art. 12 GG dienen ferner z.B. § 624 BGB, wonach der Dienstverpflichtete sein Dienstverhältnis nach Ablauf von fünf Jahren stets kündigen kann, die §§ 74 ff, 90a HGB, wonach nachvertragliche Wettbewerbsverbote einem Schriftform- und einem Entgeltserfordernis unterliegen, sowie § 888 Abs. 2 ZPO, wonach im Falle der Verurteilung zur Leistung von Diensten eine Zwangsvollstreckung durch Zwangsgeld oder Zwangshaft nicht erfolgt[245].

Die letzten Beispiele verdeutlichen besonders gut, daß nicht jede Regelung des einfachen Rechts, die der Verwirklichung eines Schutzgebots *dient*, deshalb auch schon von Verfassungs wegen *geboten* ist. Dem einfachen Recht steht vielmehr grundsätzlich ein weites Spektrum unterschiedlicher Instrumente zur Verfügung, die lediglich *in ihrer Gesamtheit und in ihrem Zusammenwirken* einen effizienten Grundrechtsschutz gewährleisten müssen. Demgemäß wäre es verfehlt

---

[241] Zutreffend bemerkt *Lerche* Festschr. für Odersky, 1996, S. 228: „In aller Regel ist dem grundrechtlichen Schutzauftrag durch die Rechtsordnung schon entsprochen, und zwar speziell durch Abschirmung grundrechtsrelevanter Positionen des Bürgers gegen Drittstörungen durch die – gegebenenfalls beiderseitig ausgleichende – einfachgesetzliche Rechtsordnung"; ähnlich z.B. *Grimm* Die Zukunft der Verfassung, 1991, S. 212.

[242] Vgl. auch BVerfGE 49, 304, 319; *Isensee* aaO. § 111 Rdn. 128; *Larenz/Canaris* aaO. § 75 I 1 mit Fn. 1; *von Bar* Gemeineuropäisches Deliktsrecht Bd. I, 1996, Rdn. 410 und 556 ff.

[243] Daß diese Regelungen auch unabhängig von den verfassungsrechtlichen Schutzpflichten Legitimität und Dignität besitzen und dem Grundgesetz historisch gesehen vorausliegen, wird damit selbstverständlich nicht in Abrede gestellt; den spezifisch verfassungsrechtlichen Blickwinkel verkennt wohl *Diederichsen* Jura 1997, 60 Fn. 29, wenn er eine Formulierung von *Isensee* aaO. § 111 Rdn. 128, die fast genauso lautet wie die im Text verwendete, mit der Begründung kritisiert, daß sie „vor dem Hintergrund des tatsächlichen Geschichtsverlaufs merkwürdig anmaßend klingt".

[244] Vgl. BVerfG NJW 1998, 1475 unter B I 1.

[245] Vgl. zum Vorstehenden näher *Canaris* AcP 184 (1984) 223 f.

anzunehmen, daß eine Vorschrift nur deshalb, weil sie aus verfassungsrechtlicher Sicht als Verwirklichung der Schutzgebotsfunktion zu verstehen ist, der Disposition des einfachen Gesetzgebers entzogen wäre und also nur noch nach Maßgabe von Art. 79 GG geändert werden könnte. Vielmehr kann der Gesetzgeber grundsätzlich in weitem Umfang in das einfache Recht eingreifen und insbesondere auch einen einmal erreichten Schutzstandard reduzieren oder sogar gänzlich beseitigen, ohne hinter das verfassungsrechtlich gebotene Schutzminimum zurückzufallen und das Untermaßverbot zu verletzen. Das folgt aus dessen oben IV 3 c eingehend begründeter „Schwäche" und der soeben VI 2 b und c herausgearbeiteten schwer zu überwindenden Argumentationshürde bei der Annahme einer grundrechtlichen Schutzpflicht sowie aus dem sogleich noch einmal zu erörternden Gestaltungsspielraum des Gesetzgebers. Demgemäß könnte dieser z.B. den deliktsrechtlichen Schutz von Leben, Gesundheit und Eigentum nicht unerheblich zugunsten der allgemeinen Handlungsfreiheit verringern, ohne dadurch einen Verfassungsverstoß zu begehen. Natürlich könnte er auch das Deliktsrecht und die Gefährdungshaftung weitgehend durch eine versicherungsrechtliche Lösung ersetzen, sofern diese so ausgestaltet wäre, daß sie dem Geschädigten einen effizienten Schutz böte.

Andererseits gibt es aber selbstverständlich auch Grenzen, jenseits derer eine Verletzung des Untermaßverbots vorliegt. Eine solche wäre z.B. sicher anzunehmen, wenn der Gesetzgeber auf den – freilich fernliegenden – Gedanken käme, die negatorischen Rechtsbehelfe ersatzlos abzuschaffen; denn dadurch entstünde eine so massive Schutzlücke, daß insoweit dem Erfordernis einer effizienten Verwirklichung der Schutzgebotsfunktion nicht mehr Rechnung getragen wäre. Auch einer völligen Beseitigung der Gefährdungshaftung und einer Rückkehr zum reinen Verschuldensprinzip stünde wohl beim heutigen Stand des Gefährdungspotentials der Technik die Schutzgebotsfunktion von Art. 2 Abs. 2 GG entgegen.

b) Der Spielraum des einfachen Gesetzgebers zwischen Über- und Untermaßverbot und die eigenständige Bedeutung des Untermaßverbots bei der Verwirklichung einer Schutzpflicht

aa) Nach der zutreffenden Rechtsprechung des Bundesverfassungsgerichts hat der einfache Gesetzgeber bei der Verwirklichung der Schutzgebotsfunktion grundsätzlich einen großen Spielraum[246]. Dieser wird auch nicht etwa von der anderen Seite her, d.h. durch das Über-

[246] Vgl. oben IV 3 c m. Nachw. in Fn. 121 und V 4 a.

maßverbot so weit reduziert, daß sich dessen Anforderungen mit denjenigen des Untermaßverbots decken. Die Vertreter der Gegenansicht[247] verkennen sowohl den Inhalt des Untermaßverbots als auch die Funktionsweise des Übermaßverbots. Ersteres fordert nämlich, wie soeben noch einmal verdeutlicht, lediglich, daß das einfache Recht *insgesamt* einen effizienten Schutz bietet, läßt aber oft mehrere Variationsmöglichkeiten dafür offen, wie dieser *im einzelnen* auszugestalten ist. Und das Übermaßverbot beschränkt den Gesetzgeber grundsätzlich nicht in der Wahl seiner Zwecke und Ziele, die nach der st. Rspr. des Bundesverfassungsgerichts – auf einer gedanklich der Übermaßkontrolle *voraus*liegenden Stufe – lediglich darauf zu überprüfen sind, ob sie verfassungsrechtlich „legitim"[248] bzw. „verfassungsrechtlich nicht zu beanstanden"[249] sind und also der Verfassung *nicht widersprechen*[250]. Demnach steht dem Gesetzgeber zwar nicht die Verwirklichung jedes beliebigen Zwecks frei[251], doch muß diese andererseits selbstverständlich nicht geradezu von Verfassungs wegen *geboten* sein. Folglich kann keine Rede davon sein, daß eine Regelung, die nicht zum Schutze der einen Partei *verfassungsrechtlich* geboten ist, deshalb der „Erforderlichkeit" im Sinne des Übermaßverbots entbehrt und daher die andere Partei zwangsläufig in ihren Grundrechten verletzt[252]. Vielmehr darf der Gesetzgeber sich grundsätzlich das Ziel setzen, ein über dem grundrechtlichen Minimum liegendes Schutzniveau zu erreichen – also z.B. mehr Mutter-, Arbeitnehmer- oder Wohnungsmieterschutz zu schaffen als ihm von Verfassungs wegen obliegt –, und dann ist Maßstab für die Erforderlichkeitsprüfung folgerichtig *dieses* Ziel und nicht etwa der grundrechtliche Minimalschutz; man wird sogar davon ausgehen können, daß sich die Verwirklichung von Schutzgeboten durch das einfache Recht – die ja zu dessen ebenso elementaren wie

---

[247] Vgl. *Hain* DVBl. 1993, 983 f.; *Starck* JZ 1993, 817; *Unruh* Zur Dogmatik der grundrechtlichen Schutzpflichten, 1996, S. 85 ff.; im wesentlichen auch *Erichsen* Jura 1997, 88; zutreffend gegen diese Ansicht *Dietlein* ZG 1995, 134 ff.; nicht überzeugend die Replik von *Hain* ZG 1996, 75 ff.

[248] So z.B. die Formulierung in BVerfGE 77, 84, 106 f.

[249] So z.B. die Formulierung in BVerfGE 68, 360, 370.

[250] Vgl. dazu z.B. *Herzog* in *Maunz/Dürig/Herzog/Scholz* 18. Lfg. 1980, Art. 20 VII Rdn. 51; *Stern* aaO. Bd. III/2 § 84 II 2 a = S. 777; *Bleckmann* Staatsrecht II, 4. Aufl. 1996, § 12 Rdn. 114; *Pieroth/Schlink* Grundrechte – Staatsrecht II, 13. Aufl. 1997, Rdn. 279 f.; *Dreier* GG-Komm. Bd. I, 1996, Vorbem. 91.

[251] Vgl. dazu die von *Grabitz* AöR 98 (1973) 602 ff. herausgearbeitete „Typik legislatorischer Zwecksetzungskompetenz".

[252] So aber *Hain* DVBl. 1993, 983 f., der zwei verschiedene Arten der Erforderlichkeit (unausgesprochen) vermengt, weil er nicht sieht, daß sie einen unterschiedlichen Bezugspunkt haben; denselben Fehler begeht *Erichsen* Jura 1997, 88.

„alltäglichen" Aufgaben gehört[253]– *in der Regel* nicht auf die Umsetzung des verfassungsrechtlich erforderlichen Schutz*minimums* beschränkt. Weil (und soweit) dessen Überschreitung verfassungsrechtlich legitim ist, darf der Gesetzgeber entsprechende Zwecke verfolgen und gerät dadurch folglich keineswegs zwangsläufig in die Fänge des Übermaßverbots.

Um das soeben genannte Beispiel des Mieterschutzes zur Veranschaulichung zu verwenden: Bei der Schaffung von § 564b BGB durfte sich der Gesetzgeber zum Ziel setzen, den Mieter davor zu schützen, daß er durch eine ohne besonderen Anlaß ausgesprochene Kündigung seine Wohnung und damit seinen räumlichen Lebensmittelpunkt verliert sowie den Belastungen eines Umzugs ausgesetzt wird, und daher durfte er die Kündigung an das Erfordernis eines „berechtigten Interesses" des Vermieters knüpfen, ohne daß er dadurch unter Verstoß gegen das Übermaßverbot in dessen Eigentum eingegriffen und damit Art. 14 Abs. 1 GG verletzt hätte[254]. Andererseits ist auch dann, wenn man die Stellung des Mieters im Einklang mit dem Bundesverfassungsgericht ebenfalls in den Schutzbereich von Art. 14 GG einbezieht[255] (eine Ansicht, die ich zwar nicht teile, hier aber demonstrandi causa einmal zugrunde lege), nicht ernsthaft zu erwägen, daß die – äußerst rigide und zu manchen widersinnigen Konsequenzen führende[256] – Regelung des § 564b BGB in ihrer derzeitigen Ausgestaltung von Verfassungs wegen geboten ist. Der Gesetzgeber bewegt sich hier vielmehr im „freien" Raum zwischen Über- und Untermaßverbot und könnte § 564b BGB daher abschwächen (ja m.E. sogar ersatzlos abschaffen[257]), ohne gegen ein grundrechtliches Schutzgebot zu verstoßen.

Oder ein anderes Beispiel: Wenn der Gesetzgeber die Haftung eines Sachverständigen für seine Aussagen im Prozeß auf grobe Fahrlässigkeit beschränkt, so verletzt er damit auch dann nicht die Schutzgebotsfunktion von Art. 2 Abs. 2 GG und das Untermaßverbot, wenn die Regelung auch für die Herbeiführung einer Freiheitsentziehung durch auf einfacher Fahrlässigkeit beruhende Fehler des Sachverständigen gilt[258].

---

[253] Vgl. dazu auch oben VI 3 a bb und die in Fn. 241 zitierte Bemerkung von *Lerche.*

[254] Vgl. BVerfGE 68, 361, 370 f.

[255] So BVerfGE 89, 1, 9 ff.

[256] Grundlegend dazu die Kritik von *H. Honsell* AcP 186 (1986) 134 ff., 159 ff.

[257] Der (etwaigen) Schutzpflicht des Gesetzgebers ist schon durch die Härteklausel des § 556a BGB und das allgemeine Rechtsmißbrauchsverbot gemäß § 242 BGB hinreichend Rechnung getragen.

[258] Vgl. auch BVerfGE 49, 304, 324; die Entscheidung ist freilich im vorliegenden Zusammenhang nur mit Zurückhaltung verwendbar, weil es in ihr nicht

Ebensowenig verstößt der Gesetzgeber aber andererseits gegen Art. 2 Abs. 1 GG in Verbindung mit dem Übermaßverbot, wenn er es auch für Aussagen eines Sachverständigen im Prozeß bei der allgemeinen Regelung des § 823 Abs. 1 BGB bewenden und diesen also für jeden Grad von Fahrlässigkeit haften läßt. Insgesamt bleibt es somit dabei, daß dem einfachen Recht grundsätzlich ein ziemlich breiter Raum der Gestaltungsfreiheit zwischen Über- und Untermaßverbot offensteht, der nur in Ausnahmefällen „auf Null schrumpft"[259].

bb) Das Untermaßverbot fällt auch nicht etwa mit der Schutzpflicht zusammen, so daß es gegenüber dieser keinerlei eigenständige Funktion hätte[260]. Wer dies annimmt, verkennt die Bedeutung, welche dem einfachen Recht bei der Verwirklichung von grundrechtlichen Schutzgeboten zukommt. Etwas vereinfachend gesprochen geht es bei der Frage nach der Schutzpflicht um das „Ob" des Schutzes, während das Untermaßverbot die Frage nach dem „Wie" thematisiert[261]. Denn „die Verfassung gibt (nur) den Schutz als Ziel vor, nicht aber seine Ausgestaltung im einzelnen"[262]. Demgemäß ist in einem ersten Schritt das Bestehen der Schutzpflicht als solcher zu begründen und in einem zweiten Schritt zu überprüfen, ob das einfache Recht dieser hinreichend Rechnung trägt oder insoweit ein Defizit aufweist. Daß es sich dabei in der Tat um zwei verschiedene Argumentationsgänge handelt, zeigt sich nicht zuletzt daran, daß die oben VI 2 b und c herausgearbeiteten Kriterien nur für den ersten Schritt eine Rolle spielen, während beim zweiten zusätzliche und andersartige Gesichtspunkte heranzuziehen sind. Mit Recht hat daher das Bundesverfassungsgericht die Frage, ob zum Schutz der Leibesfrucht vor einem Schwangerschaftsabbruch der Einsatz des Strafrechts erforderlich ist oder man mit anderen Mitteln auskommen kann, nicht schon unter dem Gesichtspunkt der Schutzpflicht als solcher, sondern erst unter dem des Untermaßverbots erörtert[263].

---

primär um die Schutzgebotsfunktion von Art. 2 Abs. 2 GG als solche, sondern vielmehr um die Grenzen richterlicher Rechtsfortbildung ging.

[259] Vgl. näher *Canaris* JuS 1989, 163 f.; zustimmend *Lerche* Festschr. für Odersky, 1996, S. 229 Fn. 33; ähnlich z.B. *Isensee* aaO. § 111 Rdn. 90 unter (g); vgl. im übrigen die Nachw. aus der Rspr. des Bundesverfassungsgerichts oben Fn. 121.

[260] So aber die These von *Hain* DVBl. 1993, 983 f.; ähnlich *Starck* JZ 1993, 817.

[261] Vgl. zu dieser Unterscheidung oben VI 1; zur Entstehung des Ausdrucks „Untermaßverbot" vgl. die Nachw. oben Fn. 95 und 96.

[262] BVerfGE 88, 203, 254.

[263] BVerfGE 88, 203, 257.

In dessen Rahmen ist demgemäß zu untersuchen, ob der Schutz des einfachen Rechts wirksam und angemessen ist[264]. Dabei geht es nicht etwa darum, das – etwaige – Schutzdefizit bzw. das Unterlassen des Gesetzgebers in der gleichen Weise wie bei einem Eingriff in ein Grundrecht am Übermaßverbot zu messen[265]. Vielmehr ist zu prüfen, ob *der Schutz den Minimalanforderungen an seine Effizienz genügt* und ob *gegenläufige Rechtsgüter und Interessen nicht überbewertet sind.* Allerdings gehört die Wirksamkeit des Schutzes grundsätzlich bereits zum Inhalt der Schutzpflicht selbst, weil eine Pflicht, unwirksame Maßnahmen zu ergreifen, widersinnig wäre[266], doch trifft das nur bei einer sehr abstrakten Sichtweise zu und ändert nichts daran, daß es jeweils zusätzlich einer *problemspezifischen* Prüfung der Effizienz bedarf; denn diese stellt ein *abstufbares* Kriterium dar, weil es darauf ankommt, ob der Schutz *hinreichend* effizient ist – und darin liegt eine gegenüber der Begründung der Schutzpflicht eigenständige Fragestellung, die demgemäß in der Tat sinnvollerweise unter dem Begriff des Untermaßverbots gesondert zu thematisieren ist. In dessen Rahmen kommt es dann, wie sich im Verlauf der Ausführungen oben V wiederholt gezeigt hat[267], häufig zu einer „zweiten Argumentationsschwelle" und einer erneuten Abwägung mit gegenläufigen Rechtsgütern und Interessen, weil diese nicht nur bei der Begründung der Schutzpflicht, sondern auch bei deren Verwirklichung durch das einfache Recht und der dabei erforderlichen Feinabstimmung eine wesentliche Rolle spielen.

Zur Vermeidung von Mißverständnissen sei hinzugefügt, daß das Untermaßverbot nicht nur bei der (expliziten) verfassungsrechtlichen Überprüfung eines gesetzgeberischen Unterlassens einschlägig ist, sondern desgleichen bei den entsprechenden Problemen im Rahmen der richterlichen Rechtsanwendung und -fortbildung. Denn da die grundrechtliche Schutzgebotsfunktion bei einer Verwirklichung durch die Rechtsprechung keinesfalls weiter reicht als bei einer solchen durch den Gesetzgeber, ist der Richter zur Erfüllung dieser Aufgabe nur befugt, weil und soweit anderenfalls ein verfassungswidriges Schutzdefizit entstünde und also ein Verstoß gegen das Untermaßverbot vorläge. Eine andere Frage ist selbstverständlich, ob die Rechtsprechung nicht u.U. über das verfassungsrechtlich gebotene Schutzminimum hinausgehen darf, weil und sofern das auch der (einfache) Gesetzgeber dürfte;

[264] BVerfGE 88, 203, 254.
[265] Durchschlagend insoweit die Analyse und Begründung von *Robbers* Sicherheit als Menschenrecht, 1987, S. 170–172; vgl. im übrigen auch oben IV 3 c.
[266] So *Hesse* Festschr. für Mahrenholz, 1994, S. 545.
[267] Vgl. insbesondere unter V 3 c und 4 a.

das ist grundsätzlich zu bejahen, hat jedoch mit der vorliegenden Problematik nichts zu tun, sondern gehört zur Thematik der richterlichen Rechtsfortbildung und ihrer Grenzen.

Nur wenn der Inhalt des Schutzes zur Gänze verfassungsdeterminiert ist, kommt dem Untermaßverbot keine eigenständige Funktion zu, doch wird das kaum je der Fall sein, da die Verwirklichung der Schutzpflicht in aller Regel in irgendeiner Weise mit Hilfe des einfachen Rechts erfolgt. Selbst wenn es dabei ausnahmsweise nicht des Rückgriffs auf zusätzliche Wertungskriterien bedarf – wie z.B. im Fall Blinkfüer[268] –, ist doch eine Einpassung in das System des einfachen Rechts erforderlich, welche dann die Frage aufwirft, ob dessen Instrumentarium – wie z.B. die §§ 823 Abs. 1, 826 BGB – einen ausreichenden Schutz ermöglicht oder dafür erst erweitert werden muß; genau das aber ist wiederum das Problem des Untermaßes.

c) Die Bedeutung der Gesetzesvorbehalte im Rahmen der Schutzgebotsfunktion

Zum Abschluß sei noch kurz auf die Frage eingegangen, welche Bedeutung den Gesetzesvorbehalten im Rahmen der Schutzgebotsfunktion zukommt. Dabei ist zu unterscheiden, ob es um das Grundrecht geht, welches *geschützt* wird, oder um ein anderes gegenläufiges Grundrecht, in welches zu diesem Zweck *eingegriffen* wird.

aa) Hinsichtlich des ersteren spielt der Gesetzesvorbehalt keine Rolle. Entweder weist nämlich das zu schützende Grundrecht einen Gesetzesvorbehalt auf – dann ist nicht ersichtlich, worin insoweit ein Problem liegen könnte; oder es weist keinen Gesetzesvorbehalt auf wie z.B. die Kunstfreiheit gemäß Art. 5 Abs. 3 GG – dann wäre es geradezu widersinnig, daraus zu schließen, daß dieses Grundrecht keine Schutzgebotsfunktion entfalten könnte. In der Tat besteht ja die Funktion der Gesetzesvorbehalte darin, *Eingriffe* in ein Grundrecht zu erlauben und zu begrenzen, und daher nimmt es nicht wunder, daß sie als Kompetenzgrundlage für dessen *Schutz* weder erforderlich noch tauglich sind[269].

Man kann auch nicht generell sagen, daß Grundrechten mit Gesetzesvorbehalt eine schwächere Schutzgebotsfunktion zukommt als Grundrechten ohne einen solchen[270]. Denn das System der Gesetzesvorbehalte läßt keinen zwingenden Rückschluß auf den Rang der

[268] Vgl. dazu oben V 3 b.
[269] Vgl. auch *Jarass* AöR 120 (1995) 374 f.
[270] So aber offenbar *Pietrzak* JuS 1994, 751.

Grundrechte zu, weil es nicht primär durch diesen sondern durch andere Gesichtspunkte geprägt ist.

bb) Das eigentliche Problem liegt somit in der Frage, ob es eines Gesetzesvorbehalts bedarf, wenn zur Verwirklichung des Schutzes eines Grundrechts in ein anderes *eingegriffen* werden soll. Auch das dürfte indessen grundsätzlich zu verneinen sein. Die Kollision mit dem gegenläufigen Grundrecht ist nämlich i.d.R. schon bei der Frage nach dem Bestehen einer grundrechtlichen Schutzpflicht zu berücksichtigen. Wird diese wegen der Kollision verneint, entfällt das Problem, wird sie dagegen trotz dieser bejaht, ist es inzident bereits gelöst. Denn dann ist der Eingriff ja *von Verfassungs wegen* geboten und dann ist er zugleich auch zulässig, da nach der zutreffenden Rechtsprechung des Bundesverfassungsgerichts auch vorbehaltlos gewährleistete Grundrechte eingeschränkt werden dürfen, sofern und soweit das zum Schutz anderer Grundrechte erforderlich ist[271], und dies für unter einem Gesetzesvorbehalt stehende Grundrechte auch und erst recht gilt[272]. Die Gesetzesvorbehalte spielen somit auch insoweit in der Tat letztlich keine wesentliche Rolle[273].
Ähnliches gilt für das Übermaßverbot: Beschränkt man sich bei der Umsetzung der Schutzgebotsfunktion wirklich darauf, nur das *verfassungsrechtlich gebotene Minimum* des Grundrechtsschutzes zu realisieren, und ist dazu ein Eingriff in ein kollidierendes Grundrecht notwendig, so kann durch diesen folgerichtig das Übermaßverbot gar nicht verletzt sein, so daß dessen Prüfung hier obsolet wird. Allerdings wird es häufig zweckmäßig sein, als gedanklichen Test und argumentative Abrundung zusätzlich eine Übermaßkontrolle vorzunehmen, um – gewissermaßen von der anderen Seite her – sicherzustellen, daß man nicht doch über das unerläßliche Schutz*minimum* hinausgegangen ist[274].
Relevant werden die Gesetzesvorbehalte und das Übermaßverbot somit erst dann, wenn der Gesetzgeber (oder an seiner Stelle der das

---

[271] Grundlegend BVerfGE 30, 173, 193 f.
[272] Vgl. BVerfGE 66, 116, 136; 72, 122, 137; 73, 301, 315; *Lerche* in HbdStR Bd. V. 1992, § 122 Rdn. 23.
[273] Vgl. auch *Di Fabio* JZ 1993, 691 f., der eine „Auflösung des Gesetzesvorbehalts in einer tripolaren Grundrechtsrelation" konstatiert; anders wohl *Isensee* aaO. § 111 Rdn. 91.
[274] Zumindest schief daher *Hesse* Festschr. für Mahrenholz, 1994, S. 556 f., nach dessen Ansicht „Eignung und Erforderlichkeit des Eingriffs in die abwehrrechtliche Grundrechtsposition" schon dann bejaht sind, wenn „die Schutzvorkehrung zwecktauglich und ausreichend ist"; das ist zu wenig, weil das eben noch nicht bedeutet, daß sie grundrechtlich *geboten* ist.

Gesetz konkretisierende und fortbildende Richter) einer Partei *mehr* Schutz gewährt als *grundrechtlich* geboten ist. Dies grundsätzlich zuzulassen, ist im vorliegenden Zusammenhang die relevante Funktion der Gesetzesvorbehalte. So erlaubt z.B. der Gesetzesvorbehalt zugunsten der persönlichen Ehre gemäß Art. 5 Abs. 2 GG dem einfachen Recht, die Meinungsfreiheit stärker einzuschränken als das von Verfassungs wegen aufgrund der Schutzgebotsfunktion des allgemeinen Persönlichkeitsrechts gemäß Art. 2 Abs. 1 i.V. mit Art. 1 Abs. 1 GG erforderlich ist; denn anderenfalls wäre ja der Gesetzesvorbehalt überflüssig – eine Einsicht, der freilich das Bundesverfassungsgericht bei seiner Rechtsprechung zum Verhältnis von Meinungsfreiheit und Ehrenschutz leider nicht hinreichend Rechnung trägt (worauf wegen der Komplexität dieser Materie hier nicht näher eingegangen werden kann).

cc) Wieder ein anderes Problem liegt darin, ob die Gesetzesvorbehalte im Rahmen der Schutzgebotsfunktion deshalb von Bedeutung sind, weil Eingriffe in Grundrechte zum Schutze anderer Grundrechte nur auf (einfach-)gesetzlicher Grundlage zulässig sind[275]. Das mag hier dahinstehen. Zum einen sind im Privatrecht nämlich ohnehin nahezu immer derartige Gesetze vorhanden wie z.B. die §§ 138, 823 Abs. 1, 826, 1004 BGB, und zum anderen bleibt dort, wo ausnahmsweise eine solche gesetzliche Anknüpfungsmöglichkeit doch einmal fehlt, grundsätzlich die Möglichkeit einer verfassungskonformen Lückenfüllung[276]. Besteht eine solche nicht – etwa deshalb, weil mehrere unterschiedliche Möglichkeiten zur Verwirklichung des Grundrechtsschutzes gleichermaßen in Betracht kommen –, muß ohnehin der Gesetzgeber eingeschaltet werden, wobei diesem bekanntlich unter zwischenzeitlicher Aussetzung des Rechtsstreits erforderlichenfalls durch das Bundesverfassungsgericht eine Frist zur Schaffung einer Regelung gesetzt werden kann.

---

[275] In diesem Sinne ist wohl *Isensee* Das Grundrecht auf Sicherheit, 1983, S. 42 f. zu verstehen.
[276] Vgl. z.B. *Stern* aaO. § 69 IV 6 c; *Isensee* aaO. § 111 Rdn. 156.

VII. Zusammenfassung

1. Die Grundrechte sind auf privatrechtliche Gesetze als unmittelbar geltendes Recht anzuwenden.

a) Das entspricht dem Wortlaut von Art. 1 Abs. 3 GG, der keine Ausnahme für den Gesetzgeber auf dem Gebiet des Privatrechts erkennen läßt, und das ist auch teleologisch gesehen gerechtfertigt, da privatrechtliche Normen genauso intensiv in Grundrechte eingreifen können wie öffentlichrechtliche; aus der Entstehungsgeschichte und der historischen Funktion von Art. 1 Abs. 3 GG ergeben sich keine Gegenargumente (vgl. II 1 a und b = S. 11 f. und S. 12 ff.). Die Grundrechtsbindung des Privatrechtsgesetzgebers folgt außerdem aus Art. 93 Abs. 1 Nr. 4a GG, da nach Wortlaut und Entstehungsgeschichte dieser Vorschrift die Verfassungsbeschwerde auch gegen privatrechtliche Normen erhoben werden kann (vgl. II 1 c = S. 14). Darüber hinaus spricht für deren Bindung an die Grundrechte der Gedanke der Normenhierarchie, weil die Verfassung auch gegenüber dem Privatrecht uneingeschränkt den Rang der lex superior besitzt (vgl. II 1 d = S. 15).

b) Die Bindung des Privatrechtsgesetzgebers an die Grundrechte ist „unmittelbar". Das folgt nicht nur aus der Anwendbarkeit von Art. 1 Abs. 3 GG und der Vergleichbarkeit von privatrechtlichen Grundrechtseingriffen mit öffentlichrechtlichen, sondern ist auch allein sachgerecht. Eine nur „mittelbare" Bindung des Privatrechtsgesetzgebers in dem Sinne, daß die Grundrechte auf das Privatrecht erst „durch das Medium der dieses Rechtsgebiet unmittelbar beherrschenden Vorschriften" einwirken, scheidet aus normlogischen Gründen aus; denn die Geltung einer Norm kann nur an einer ranghöheren Norm i.S. einer lex superior gemessen werden, und daher ist die verfassungsrechtliche Kontrolle von privatrechtlichen Vorschriften an anderen Vorschriften desselben Rechtsgebiets und daher gleichen Ranges normlogisch gesehen widersinnig; außerdem stößt eine solche Vorgehensweise auch unter praktischen Gesichtspunkten auf unüberwindliche Hindernisse (vgl. II 2 a = S. 16 ff.).

Die Grundrechte gelten gegenüber den Vorschriften des Privatrechts auch nicht lediglich in ihrer Funktion als objektive Grundsatznormen, sondern in ihren „normalen" Funktionen als Eingriffsverbote und Schutzgebote (vgl. II 2 b und c = S. 19 ff. und S. 21 f.). Allerdings haben sie für das Verhältnis zwischen den Privatrechtssubjekten nicht notwendigerweise immer denselben Inhalt und dieselbe Reichweite wie im Verhältnis zwischen dem Bürger und dem Staat, so daß insoweit gewisse Modifikationen in Betracht kommen; das gilt insbesondere für die

92

Bedeutung von Gemeinwohlinteressen und die Funktion der Gesetzesvorbehalte (vgl. II 3 = S. 22 f.).

2. Die Grundrechte gelten auch für die richterliche Anwendung und Fortbildung des Privatrechts unmittelbar.

a) Das folgt allerdings nicht schon allein daraus, daß auch die Rechtsprechung nach Art. 1 Abs. 3 GG an die Grundrechte als unmittelbar geltendes Recht gebunden ist. Ausschlaggebend ist vielmehr, daß die Gesetze faktisch weitgehend erst durch die Rechtsprechung mit konkretem Inhalt gefüllt werden[277] und der Grundrechtsschutz daher in einem Bereich von elementarer praktischer Bedeutung der Effektivität entbehren würde, wenn nur der Erlaß der Gesetze und nicht auch deren Anwendung und Fortbildung der Bindung an die Grundrechte unterläge. Aus der Einsicht, daß diese für den Gesetzgeber auf dem Gebiete des Privatrechts unmittelbar gelten, folgt daher in einem zweiten Schritt die Konsequenz, daß für dessen Anwendung und Fortbildung grundsätzlich nicht anders entschieden werden kann (vgl. III 1 a = S. 24 f.). Die Richtigkeit dieser Konzeption wird wiederum durch Art. 93 Abs. 1 Nr. 4a GG bestätigt und bekräftigt. Denn nach dieser Vorschrift kann auch das Urteil eines Zivilgerichts mit der Verfassungsbeschwerde wegen einer Verletzung eines Grundrechts angegriffen werden; das setzt logischerweise voraus, daß eine solche auf einer falschen Anwendung des Privatrechts beruhen kann, und impliziert folglich, daß auch für diese die Bindung an die Grundrechte gilt (vgl. III 1 b = S. 25).

Gegenstand der Grundrechtsbindung und -kontrolle ist dabei nicht die richterliche Entscheidung als solche, sondern vielmehr der Satz, der ihr zugrunde liegt und sie trägt; dieser ist daher als Norm zu formulieren und dann wie eine solche auf seine Verfassungsmäßigkeit zu überprüfen (vgl. III 1 c = S. 26 f.). Die als Norm gedachte ratio decidendi unterliegt demgemäß der Bindung an die Grundrechte in ihren „normalen" Funktionen als Eingriffsverbote und Schutzgebote – und zwar grundsätzlich in der gleichen Weise wie ein entsprechender Satz des Gesetzes. Das ist die folgerichtige Konsequenz daraus, daß die Anwendung und Fortbildung des Gesetzes dessen notwendige Konkretisierung und Komplettierung darstellt und diesem also hinsichtlich des Grundrechtsschutzes gleichzustellen ist.

---

[277] Auf die Frage nach der *normativen* Qualität von „Richterrecht" kommt es hier also nicht an.

b) Die hier vertretene Ansicht steht in einem gewissen Gegensatz zum Lüth-Urteil des Bundesverfassungsgerichts und seiner daran anknüpfenden Rechtsprechung, wonach lediglich von einer „Ausstrahlungswirkung" der Grundrechte auf das Privatrecht auszugehen ist. In der Tat bedarf die im Lüth-Urteil entwickelte Konzeption aus heutiger Sicht einer „kritischen Rekonstruktion". Das gilt zunächst insofern, als entgegen dem Ansatz des Lüth-Urteils strikt zwischen „Ausstrahlungswirkung" und „Superrevisionsproblematik" zu trennen ist: Letztere ist kein Spezifikum des Verhältnisses zwischen Grundrechten und Privatrecht, sondern tritt in allen Rechtsgebieten bei der Überprüfung von Entscheidungen der Fachgerichte durch das Bundesverfassungsgericht in prinzipiell gleicher Weise auf, so daß sie keinesfalls mit Hilfe der – nur auf das Privatrecht bezogenen – Lehre von der „Ausstrahlungswirkung" in sachgerechter Weise entschärft werden kann; es handelt sich vielmehr um eine rein verfassungs*prozessuale* Schwierigkeit, die demgemäß allein mit den Mitteln des Prozeßrechts zu bewältigen ist (vgl. III 2 a = S. 27 f.).

Darüber hinaus vermag die Lehre von der „Ausstrahlungswirkung" heute auch in materiellrechtlicher Hinsicht nicht mehr zu befriedigen. Das gilt schon deshalb, weil dieser Ausdruck keinen juristischen Begriff, sondern lediglich eine bildhafte Wendung aus der Umgangssprache darstellt und wegen der damit verbundenen Vagheit dogmatisch gesehen nicht mehr als eine Verlegenheitslösung bildet. Außerdem ist die Lehre von der „Ausstrahlungswirkung" beim heutigen Stand der verfassungsrechtlichen Dogmatik überflüssig, weil sich alle einschlägigen Probleme schon mit Hilfe der „normalen" Funktionen der Grundrechte als Eingriffsverbote und Schutzgebote sachgerecht und zugleich präziser lösen lassen. So lag im Fall Lüth in Wahrheit ein Eingriff in das Grundrecht des Beschwerdeführers aus Art. 5 Abs. 1 GG vor, weil der vom BGH zugrunde gelegte Satz über die Unzulässigkeit des Boykottaufrufs eine Einschränkung der Meinungsfreiheit beinhaltete (vgl. III 2 b = S. 30 ff.). Bei anderen Problemen wie z.B. der Kontrolle der Anwendung von § 564b BGB durch die Zivilgerichte am Maßstab von Art. 14 GG zieht das Bundesverfassungsgericht denn auch nicht die Lehre von der „Ausstrahlungswirkung" heran, sondern verfährt schon jetzt im wesentlichen in der hier vorgeschlagenen Weise.

3. Im Gegensatz zu den Gesetzen des Privatrechts sowie ihrer Anwendung und Fortbildung durch die Rechtsprechung unterliegen die Subjekte des Privatrechts und ihr Verhalten grundsätzlich nicht der unmittelbaren Bindung an die Grundrechte. Diese entfalten ihre Wirkung insoweit jedoch auf dem Wege über ihre Funktion als Schutzgebote.

94

a) Normadressaten der Grundrechte sind grundsätzlich nur der Staat und seine Organe, nicht aber die Subjekte des Privatrechts. Ausnahmen sind zwar möglich, wie vor allem Art. 9 Abs. 3 S. 2 GG zeigt, bedürfen jedoch entgegen der Lehre von der „unmittelbaren Drittwirkung" einer besonderen Begründung, die sich nur sehr selten geben läßt (vgl. IV 1 a = S. 34 f.). Von „unmittelbarer Drittwirkung" sollte demgemäß nur dann gesprochen werden, wenn sich Grundrechte gegen Privatrechtssubjekte als Normadressaten richten wie im Falle von Art. 9 Abs. 3 S. 2 GG bzw. wenn eine dementsprechende Konzeption der Grundrechtswirkung vertreten wird; die unmittelbare Geltung der Grundrechte gemäß Art. 1 Abs. 3 GG für die Normen des Privatrechts und für deren Anwendung und Fortbildung hat mit „unmittelbarer Drittwirkung" nichts zu tun (vgl. IV 1 b = S. 35).

b) Gegenstand der Prüfung an den Grundrechten sind folgerichtig grundsätzlich nur staatliche Regelungen und Verhaltensweisen, nicht aber solche von Privatrechtssubjekten, also Rechtsgeschäfte, Delikte usw. (vgl. IV 2 = S. 36).

c) Daß die Grundrechte dennoch auch auf diese einwirken, erklärt sich aus ihrer Funktion als Schutzgebote. Denn die Pflicht des Staates, den einen Bürger gegenüber dem anderen Bürger vor einer Verletzung seiner grundrechtlich gewährleisteten Güter zu schützen, ist auch – und gerade – auf der Ebene des Privatrechts zu erfüllen. Diese Konzeption hat den Vorzug, zum einen an der Einsicht festzuhalten, daß Adressat der Grundrechte grundsätzlich nur der Staat und nicht der Bürger ist, zum anderen aber gleichwohl eine dogmatische Erklärung dafür zu bieten, daß und warum auch das Verhalten von Privatrechtssubjekten dem Einfluß der Grundrechte unterliegt (vgl. IV 3 a = S. 37 ff.). Der Versuch, mit Hilfe der „etatistischen Konvergenztheorie" jedes Verhalten von Privatrechtssubjekten dem Staat zuzurechnen und demgemäß mit der Eingriffsverbotsfunktion der Grundrechte zu erfassen, so daß für die Heranziehung der Schutzgebotsfunktion weder Raum noch Bedürfnis bleibt, ist als gescheitert anzusehen; so wäre z.B. nur letztere als Prüfungsgrundlage in Betracht gekommen, wenn im Fall Lüth die Kinoinhaber oder der Regisseur vor dem Zivilgericht unterlegen wären und gegen ein solches Urteil Verfassungsbeschwerde eingelegt hätten (vgl. IV 3 b = S. 39 ff.).
Die Schutzgebotsfunktion und das sie flankierende Untermaßverbot haben eine schwächere Wirkungskraft als die Eingriffsverbotsfunktion und das Übermaßverbot; das folgt zum einen daraus, daß ein Schutzgebot sich gegen ein Unterlassen des Staates richtet und seine Begründung daher eines besonderen Argumentationsaufwandes bedarf (was

von der Unterlassensproblematik im Straf- und Zivilrecht sattsam bekannt ist), und zum anderen auch daraus, daß dem einfachen Recht bei seiner Erfüllung grundsätzlich ein weiter Spielraum offensteht (vgl. IV 3 c = S. 43 ff.). Daß es Grenzfälle gibt, in denen es schwerfällt, zwischen Schutzgebots- und Eingriffsverbotsfunktion zu unterscheiden, ändert daran nichts; im Zweifel ist letztere heranzuziehen (vgl. IV 3 d = S. 45 ff.). Daß die schwächere Wirkungskraft von Schutzgebotsfunktion und Untermaßverbot zu einer Asymmetrie zugunsten desjenigen führt, der in die Sphäre des anderen eingreift, trifft zwar zu, stellt jedoch keinen Einwand, sondern im Gegenteil einen Vorzug der hier vertretenen Ansicht dar; denn darin spiegelt sich das Prinzip wider, daß der Verkehr der Bürger untereinander grundsätzlich von staatlicher Einwirkung frei ist und diese also einer besonderen Legitimation bedarf (vgl. IV 3 d = S. 47).

Die Schutzgebotsfunktion der Grundrechte greift grundsätzlich auch gegenüber der Selbstbindung durch Vertrag Platz. Besondere Bedeutung hat sie hier zum einen, wenn das grundrechtlich geschützte Gut, dessen Ausübung vertraglich eingeschränkt wird, aufgrund seines höchstpersönlichen Charakters überhaupt nicht zur Disposition seines Trägers steht oder aufgrund seines starken personalen Gehalts besonders sensibel gegenüber einer rechtlichen Bindung ist, und zum anderen, wenn die faktischen Möglichkeiten einer Vertragspartei zu freier Entscheidung erheblich beeinträchtigt sind (vgl. IV 3 e aa = S. 48 ff.). Daß derartige Probleme in aller Regel auch rein privatrechtlich gelöst werden können, ändert nichts daran, daß sie bei Unterschreiten des grundrechtlich gebotenen Schutzminimums eine verfassungsrechtliche Dimension haben und man dem Betroffenen insbesondere nicht von vornherein die Möglichkeit einer Verfassungsbeschwerde abschneiden darf (vgl. IV 3 e bb = S. 50).

4. Die praktischen Konsequenzen der hier vertretenen Konzeption lassen sich an einer Reihe von Beispielen verdeutlichen.

a) Anerkennt man die Geltung der Grundrechte als Eingriffsverbote gegenüber den Normen des Privatrechts, so ergibt sich aus dieser Funktion – und nicht etwa erst aus der Lehre von der „Ausstrahlungswirkung" oder der Schutzgebotsfunktion –, daß die Auferlegung einer ruinösen Schadensersatzpflicht grundsätzlich verfassungswidrig ist, sofern der Geschädigte „reich" ist und also durch eine höhenmäßige Einschränkung der Ausgleichzahlung nicht unzumutbar beeinträchtigt wird (vgl. V 1 = S. 51 f.).

b) Ersetzt man im Fall Lüth das Bild von der „Ausstrahlungswirkung" durch die Kategorie des Eingriffsverbots, so zeigt sich, daß es auf das Kriterium des „Beitrags zum geistigen Meinungskampfs in einer die Öffentlichkeit wesentlich berührenden Frage durch einen dazu Legitimierten" nicht entscheidend ankommt; daher hätte z.B. der Photokina-Fall durch den BGH entgegengesetzt entschieden werden müssen (vgl. V 2 = S. 53 f.).

c) Die dem Bild von der „Ausstrahlungswirkung" innewohnende Tendenz zu einer umfassenden Berücksichtigung der Umstände des einzelnen Falles führt auch sonst zur Heranziehung von Kriterien, die in Wahrheit unerheblich sind. Daher hat das Bundesverfassungsgericht z.B. in der – am gleichen Tage wie das Lüth-Urteil ergangenen – Entscheidung der Frage, ob der Vermieter die Anbringung eines Wahlplakats des Mieters an der Außenwand des Mietshauses dulden muß, auf Umstände abgestellt, auf die es keinesfalls ankommen kann. Außerdem wäre hier aus heutiger Sicht als Kontrollmaßstab nur die Schutzgebotsfunktion von Art. 5 Abs. 1 GG in Betracht gekommen, bei deren Heranziehung die Unbegründetheit der Verfassungsbeschwerde sofort ins Auge springt (vgl. V 3 a = S. 55 f.).

Um die Schutzgebotsfunktion ging es dogmatisch gesehen auch im Fall Blinkfüer, wo diese vom Bundesverfassungsgericht der Sache nach erstmals anerkannt worden ist – und zwar bereits einschließlich ihrer subjektivrechtlichen Komponente. Zutreffend hat dieses hier im Ergebnis ein Schutzgebot aus Art. 5 Abs. 1 GG bejaht, weil der Einsatz von wirtschaftlichem Druck im Meinungskampf ein rechtswidriges Mittel darstellt (vgl. V 3 b = S. 56 ff.).

Auf die Schutzgebotsfunktion von Art. 5 Abs. 1 GG zurückzuführen ist ferner die Rechtsprechung des Bundesverfassungsgerichts zur Pflicht des Vermieters, u.U. dem Mieter die Anbringung einer Parabolantenne zu gestatten. Diese Pflicht gilt jedoch nur im Grundsatz und bedarf der Konkretisierung im Einzelfall, so daß es zu einer zweistufigen Argumentation kommt: Zunächst ist das Bestehen eines Schutzgebots als solches zu begründen und dann ist dessen Umsetzung auf den konkreten Fall vorzunehmen, wobei diese im wesentlichen auf der Ebene des einfachen Rechts erfolgt (vgl. V 3 c = S. 60 ff.).

d) Aus der Schutzgebotsfunktion des allgemeinen Persönlichkeitsrechts gemäß Art. 2 Abs. 1 i.V. mit Art. 1 Abs. 1 GG folgt, daß ein nichteheliches Kind grundsätzlich einen Anspruch gegen seine Mutter auf Auskunft über die Person seines biologischen Vaters hat. Mit Recht hat das Bundesverfassungsgericht jedoch entschieden, daß das nicht ausnahmslos gilt und daß bei der Abwägung mit dem gegenläufigen Persönlichkeitsrecht der Mutter ein weiter Spielraum auf der Ebene des einfachen Rechts besteht, dessen Ausfüllung grundsätzlich den Zivilgerichten obliegt; diese hält sich bei der vorliegenden Problematik noch innerhalb der Grenzen zulässiger Rechtsfortbildung (vgl. V 4 a = S. 62 ff.).

Ein entsprechendes Schutzgebot besteht grundsätzlich auch bei der heterologen Insemination. Die Gewährung eines Anspruchs gegen die Samenbank und/oder den behandelnden Arzt auf Auskunft über die Person des Spenders stellt jedoch einen gravierenden Eingriff in dessen Recht auf informationelle Selbstbestimmung dar, durch das grundsätzlich sein Interesse an der Wahrung seiner Anonymität gedeckt wird. Der Gestaltungsspielraum des einfachen Rechts bei der Verwirklichung von Schutzgeboten könnte hier zur Erreichung praktischer Konkordanz mit dem gegenläufigen Recht des Spenders durch eine Lösung genutzt werden, bei der dem Kind zwar grundsätzlich ein Auskunftsanspruch zuerkannt, dieser jedoch zugleich durch die Versagung jeglicher unterhalts- und erbrechtlicher Ansprüche gegen den Spender entschärft wird. Dieser Ausweg dürfte indessen nicht der Rechtsprechung offenstehen, sondern ein Eingreifen des Gesetzgebers erforderlich machen (vgl. V 4 b = S. 65 ff.).

5. Dogmatische Grundlagen für eine inhaltliche Präzisierung der grundrechtlichen Schutzgebotsfunktion im Privatrecht sind bisher erst in Ansätzen zu erkennen.

a) Ebenso wie bei der Anwendung der Grundrechte in ihrer Funktion als Eingriffsverbote bedarf es auch hier zunächst der Prüfung, ob das betreffende Grundrecht tatbestandlich überhaupt „berührt" ist (vgl. VI 2 a = S. 72 f.). Anders als dort ist dann jedoch eine zusätzliche Argumentationsstufe zu überwinden, deren Bedeutung bisher in Rechtsprechung und Wissenschaft oft nicht hinreichend berücksichtigt wird: Da es bei der Verwirklichung von Schutzgeboten um die verfassungsrechtliche Prüfung eines gesetzgeberischen Unterlassens oder dessen verfassungskonforme Kompensation durch die Rechtsprechung geht, muß jeweils eine spezifische Begründung dafür gegeben werden, daß aus dem „berührten" Grundrecht überhaupt eine Schutzpflicht bezüglich der betreffenden Problemkonstellation folgt (vgl. IV 3 c = S. 43 ff.). Als pflichtenbegründende Faktoren kommen dabei vor allem die Rechtswidrigkeit des Eingriffs durch ein Privatrechtssubjekt in das grundrechtlich gewährleistete Gut, dessen Gefährdung durch ein anderes Privatrechtssubjekt sowie die Angewiesenheit des Grundrechtsträgers auf die Mitwirkung oder Duldung anderer Privatrechtssubjekte bei der Ausübung seines Grundrechts in Betracht (vgl. VI 2 b = S. 74 ff.). Wesentliche Kriterien bilden außerdem Rang und Art des zu schützenden Grundrechts, die Schwere des drohenden Eingriffs und die Intensität der Gefährdung, die Möglichkeit seines Trägers zu effizientem Selbstschutz sowie das Gewicht gegenläufiger Grundrechte und Interessen; diese wirken in der Form komparativer Sätze von der Struktur „je mehr und je stärker desto eher" nach Art eines „beweglichen Systems" im Sinne *Wilburgs* zusammen (vgl. VI 2 c = S. 78 ff.).

b) Die grundrechtliche Schutzgebotsfunktion bedarf zu ihrer Verwirklichung grundsätzlich der Umsetzung durch das einfache Recht. Dieses wird dadurch jedoch grundsätzlich nicht der Disposition durch den einfachen Gesetzgeber entzogen, da es lediglich in seiner Gesamtheit einen wirksamen Grundrechtsschutz bieten muß und die einzelnen Regelungen als solche demgemäß nicht verfassungsdeterminiert sind (vgl. VI 3 a = S. 81 ff.). Dem einfachen Gesetzgeber steht dabei grundsätzlich ein breiter Spielraum zwischen Über- und Untermaßverbot offen (vgl. VI 3 b aa = S. 83 ff.).

c) Das Untermaßverbot fällt nicht mit der Schutzpflicht zusammen, sondern hat dieser gegenüber eine eigenständige Funktion. Denn es sind zwei verschiedene Argumentationsgänge, in denen zunächst geprüft wird, ob überhaupt eine Schutzpflicht besteht, und sodann, wie diese durch das einfache Recht zu verwirklichen ist, ohne das verfassungsrechtlich gebotene Schutzminimum zu unterschreiten. Bei der Untermaßkontrolle geht es demgemäß darum zu gewährleisten, daß der Schutz den Mindestanforderungen an seine Effizienz genügt und daß gegenläufige Rechtsgüter und Interessen nicht überbewertet werden (vgl. VI 3 b bb = S. 86 ff.).

d) Die Gesetzesvorbehalte spielen für die Verwirklichung der Schutzgebotsfunktion im Privatrecht keine wesentliche Rolle (vgl. VI 3 c = S. 88 ff.).

www.ingramcontent.com/pod-product-compliance
Lightning Source LLC
Chambersburg PA
CBHW050654190326
41458CB00008B/2562